# 职业院校中层干部管理能力

主　编：卿助建　黄煜欣　秦海宁
副主编：张剑曦　吴保红　唐日兴
编　委：杨　林　徐毅华　谭成芝
　　　　李丽芬　黄欣萍　莫燕萍

北京理工大学出版社
BEIJING INSTITUTE OF TECHNOLOGY PRESS

版权专有　侵权必究

### 图书在版编目(CIP)数据

职业院校中层干部管理能力 / 卿助建，黄煜欣，秦海宁主编. -- 北京：北京理工大学出版社，2021.9
ISBN 978-7-5763-0340-7

Ⅰ. ①职… Ⅱ. ①卿… ②黄… ③秦… Ⅲ. ①中等专业学校 - 学校管理 - 研究 Ⅳ. ①G718.3

中国版本图书馆 CIP 数据核字(2021)第 185571 号

出版发行 / 北京理工大学出版社有限责任公司
社　　址 / 北京市海淀区中关村南大街 5 号
邮　　编 / 100081
电　　话 / (010) 68914775（总编室）
　　　　　（010）82562903（教材售后服务热线）
　　　　　（010）68944723（其他图书服务热线）
网　　址 / http：//www.bitpress.com.cn
经　　销 / 全国各地新华书店
印　　刷 / 北京虎彩文化传播有限公司
开　　本 / 880 毫米 × 1230 毫米　1/32
印　　张 / 5.5　　　　　　　　　　　　　责任编辑 / 江　立
字　　数 / 145 千字　　　　　　　　　　　文案编辑 / 江　立
版　　次 / 2021 年 9 月第 1 版　2021 年 9 月第 1 次印刷　责任校对 / 周瑞红
定　　价 / 35.00 元　　　　　　　　　　　责任印制 / 施胜娟

图书出现印装质量问题，请拨打售后服务热线，本社负责调换

# 前　　言

　　中层干部是按一个系统内干部职级划分而得出的类别名称。通常而言，在一个系统内，既有上级领导存在，又有下属供指挥的职位上所配备的干部，称之为中层干部。中层干部是联系组织机构高层与基层的桥梁和纽带。

　　职业院校中层干部承担着学校日常管理中招生、教学、学生管理、行政、后勤、质量监督等各种职能的具体计划、组织、领导和控制工作，是学校的"中坚力量"。

　　一定数量的中层干部是学校运行的中流砥柱。学校领导如果仅仅从使用这一目的出发选拔、培养中层干部，往往会造成中层干部能力和学校真正的要求脱节，使中层干部成为单凭学校领导的意志塑造出来的很听话和什么事都肯做的中层干部。这种状况如果扩展到整个学校的人力资源管理上，就会使组织里的每个成员墨守成规地完成上级领导的命令，虽然管理效率会提高，但是缺乏主动判断及思考能力的中层干部终将成为阻碍学校管理活力的因素。

　　如同培养学生一样，中层干部在成长过程中也有其特定的规律，一般而言要经历三个基本阶段：角色适应阶段、主动发展阶段、最佳创造阶段。因此，中层干部的成长不能一蹴而就，而要遵循中层干部成长规律，建立相关引领标准，科学合理规划，分步骤地培养。让中层干部通过系统的理论学习、完善的技能训练、科学的自我反思和自觉的科学研究等来实现自身成长。

　　柳州第二职业技术学校充分认识到中层干部是学校发展建设和改革的中坚力量，在学校发展建设中发挥着承上启下的重要作用，强化中层干部队伍能力培养，对促进学校各项事业科学发展有着重要的现实意义，为此，研究制定了《职业院校中层管理岗位能力标准》，旨在通过标准引领，全面提升中层干部的管理能力。

设立中层管理岗位能力标准，是提高学校中层干部整体素质的重要保障。中层干部特殊的位置和作用导致其管理能力具有综合性和复杂性。设立中层管理岗位能力标准，通过中层管理岗位能力标准来衡量、规范每位中层干部，在中层干部的招聘、任用过程中，就可以严把入口关，选拔符合标准的人员加入中层干部队伍行列。这是加强中层干部队伍的管理、提高中层干部队伍的整体素质、保障学校教育事业发展的关键所在。

设立中层管理岗位能力标准，是学校中层干部管理活动科学有效进行的重要指导。学校管理既是科学又是艺术，既有方法又无定法。尽管教育管理理论早已提出了一系列基本原则、策略，但是对于每位中层干部来说，在具体教育管理活动中应该具备怎样的观念、行为和态度，还需要具体的规范。设立中层管理岗位能力标准，引导中层干部努力对标达标，不仅能保障教育管理活动的科学性，也能提升教育管理活动的有效性，提升中层干部教育管理活动评价的准确性。这对保障教育管理的规范性，提升学校管理水平意义重大。

设立中层管理岗位能力标准，是保证学校中层干部基本素质整齐稳定的现实需要。中层干部能力高低影响着学校的核心竞争能力，通过"能力标准"建立和培养，既为学校引进、选拔中层干部提供了公平、科学的依据，也为中层干部成长提供了明确的努力方向和目标。

中层管理岗位能力标准是中层干部培训的重要指南。中层干部的培训是影响中层干部队伍质量的重要因素。无论是职前培训还是职后培训，其培训基本内容与要求都与岗位能力标准密切相关。长期以来，由于缺乏中层管理岗位能力标准，不少院校或培训机构的培训内容差别较大，中层干部培训质量难以保障。有了中层管理岗位能力标准，不仅可以规范培训内容，也有利于对培训质量进行准确评价。

标准引领是学校强化中层干部队伍能力建设的探索。希望通过中层管理岗位能力标准的构建与实施，将中层管理岗位能力标准与师德师风和职业素养更好地结合，把立德树人的理念和方法融入学校管理全过程，建设一支适应新时代职业院校管理需要的中层干部队伍，提升办学竞争力。运用标准化这一手段，能够促进学校管理更加科学、规范、有序，提高管理效能。

# 目　　录

第一单元　育人能力 ······················································ 1
　一、育人能力的内涵 ················································ 1
　二、育人能力的标准 ················································ 4
　三、提高育人能力的策略 ········································ 12
　育人能力自测题 ······················································ 14
第二单元　分析判断能力 ············································ 16
　一、分析判断能力的内涵 ········································ 16
　二、分析判断能力的标准 ········································ 19
　三、提高分析判断能力的策略 ································ 25
　分析判断能力自测题 ·············································· 31
第三单元　计划执行能力 ············································ 35
　一、计划执行能力的内涵 ········································ 36
　二、计划执行能力的标准 ········································ 40
　三、提高计划执行能力的策略 ································ 45
　计划执行能力自测题 ·············································· 49
第四单元　业务能力 ···················································· 53
　一、业务能力的内涵 ·············································· 53
　二、业务能力的标准 ·············································· 63
　三、提高业务能力的策略 ········································ 68
　业务能力自测题 ······················································ 70
第五单元　沟通能力 ···················································· 71
　一、沟通能力的内涵 ·············································· 71

二、沟通能力的标准 …………………………………… 76
　　三、提高沟通能力的策略 ……………………………… 80
　　沟通能力自测题 ………………………………………… 86

第六单元　合作精神 ……………………………………… 89
　　一、合作精神的内涵 …………………………………… 89
　　二、合作精神的标准 …………………………………… 93
　　三、树立合作精神的策略 ……………………………… 98
　　合作精神自测题 ………………………………………… 102

第七单元　团队管理能力 ………………………………… 107
　　一、团队管理能力的内涵 ……………………………… 107
　　二、团队管理能力的标准 ……………………………… 111
　　三、提高团队管理能力的策略 ………………………… 116
　　团队管理能力自测题 …………………………………… 120

第八单元　学习创新能力 ………………………………… 124
　　一、学习创新能力的内涵 ……………………………… 124
　　二、学习创新能力的标准 ……………………………… 129
　　三、提高学习创新能力的策略 ………………………… 134
　　学习创新能力自测题 …………………………………… 137

附录 ………………………………………………………… 141
　　附录一　职业院校中层管理岗位能力标准 …………… 141
　　附录二　职业院校中层干部管理能力竞赛题 ………… 145

# 第一单元 育人能力

学校管理职能的最终目的是为社会培养出大批优秀人才。职业院校管理部门开展各种管理工作的落脚点与出发点均是"育人",且呈现出全方位性、间接性、渗透性等一系列特征。职业院校一切管理工作都是为学生服务的,这就在客观上要求中层干部树立育人意识、具备育人能力,善于将日常管理与育人目标有机结合。只有增强育人导向意识和能力,以身作则,为人师表,才能时时处处正确地教育和引导学生,做到既管理又育人,并对教书育人、服务育人的实施起到支持、促进和监督作用。

## 一、育人能力的内涵

职业院校中层干部的育人能力主要是指善于把握学生/用人方的需求,有效地与学生/用人方沟通,能够为学生/用人方提供高质量的课程与服务,致力于提升学生/用人方的满意度。

中层干部的育人能力,主要包括教书育人、管理育人、服务育人等方面。

### (一)教书育人

教书育人是指每一个教育工作者都应遵循教育规律,实施素质教育;注重学思结合,知行合一;因材施教,不断提高教育质量;严慈相济,教学相长;尊重学生个性,促进学生全面发展。教师在传授专业知识的同时,必须把培育和践行社会主义核心价值观融入言传身教全过程,致力于将学生培养成为德智体美劳全面发展的社会主义建设者和接班人。

职业院校大多数中层干部也是任课教师，主要任务是通过教学向学生传授专业技术知识，培养学生的职业能力、职业道德、专业素质和专业意识，指导学生的专业实践，并结合教学工作对学生进行职业指导。因此专业教师的教学能力对学生的成长和职业能力的形成至关重要，它直接影响着学校人才培养规格和质量。在实际教育教学工作过程中，为了更好地进行专业教育，一项十分必要的任务就是提升学生学习积极性。调动学生学习兴趣通常从两个方面入手：一是加强对学生的职业认知教育，使其认识到社会对职业技能人才的现实需求，真正了解所学专业知识在其今后的人生发展中所起到的重要作用，由此提升学习积极性和主动性；二是教师掌握职业教育的特点，善于联系生产生活实际开展教学，较好地运用现代化教学理念及教学方法提升课堂教学趣味性。

### （二）管理育人

学校的办学目的是培养德智体美劳全面发展的社会主义建设者和接班人。学校的各级行政管理部门都是围绕这一目标履行职责的。因此，管理工作者的育人觉悟、育人意识，直接影响教学过程、育人质量和人才成长水平。

1. 树立管理育人意识。学校中层管理干部遵照人才培养目标和方法，规范各种育人行为和措施，实施有效的科学管理，准确把握青年学生在成长过程中的心态变化规律、行为走向，利用相关机遇和变化对学生进行有益的导向教育，调动学生的积极性和参与意识。

2. 注重管理育人效果。实现管理育人意识和效果的统一，这就要求学校中层管理干部掌握正确的育人策略，做到育人方法有利于学生的学习与生活；有利于学校物质文明和精神文明建设，对学生的健康成长起促进作用和鼓舞作用；有利于保证正常教学秩序，提高教学质量和学风建设；有利于学校事业的发展与进步，达到事半功倍的工作效率和育人效果。

3. 优化育人措施。在管理上采用目标管理和量化管理相结合的措施，有利于学生的成长和良好习惯的养成，能够提高管理质量，达到管理育人的目的。从管理实践看，目标管理是比较科学的管理方式，目的性和针对性比较强，但存在缺点，一是有人为的主观性、笼统性，二是管理目标内涵是否具有优势缺乏可比度。量化管理则是对过程与目标的逐项分解操作，直观性、可比性、可操作性强，体现了激励和督促机制，有利于目标管理的落实。目前，学校在寝室卫生管理、课堂出勤和纪律、会议活动和早操、学习成绩和社会实践等方面均实行目标管理和量化管理，对促进学生良好习惯和优秀品德的养成、学生道德修养的提高，起到了比较好的效果。

4. 树立育人形象。学校中层管理干部，也是学生的师长和楷模，应当树立良好的自我形象。学校中层管理干部首先要热爱本职工作，因为热爱本身就蕴含着追求和奉献，热爱自己的事业才有动力，才有一丝不苟的责任心和使命感；其次要牢记楷模榜样作用，努力提升自我素质，包含政治素质、思想素质、业务素质、文化素质、品格素质、能力素质、领导和决策能力等。管理工作者自身素质的提高，依赖于学习、修养和实践。

### （三）服务育人

服务育人是指对学生加强服务，使学生在学校学习中能够得到较好的体验及感受。服务于学生，这是教育本质的具体体现。服务育人主要体现在校园文化建设、校园环境建设及后勤保障等方面。

服务育人是学校管理中特别重要的组成内容，是充分体现以学生为本的教育教学理念的落脚点。要做到服务育人，应研究梳理各类服务岗位所承载的育人功能，增强供给能力，充分满足师生学习、生活、工作中的合理需求，落实服务目标责任制，把服务质量和育人效果作为评价服务岗位效能的依据和标准。

比如，为学生提供良好的后勤保障，就应当加强各种相关设施建设，通过提供良好的学习、生活环境，使学生在学校生活中体会到温馨与快乐；在就业指导方面，尽全力为学生提供就业指导服务，使学生能够形成良好的就业观念和制定理智可行的就业规划，这对学生更好地就业具有十分重要的作用及意义；此外，学校与企业加强合作，联合培养学生，不仅能够使企业人才需求得到较好保障，而且为学生提供了良好的就业安置保证；在图书资料服务中，建设文献信息资源体系和服务体系，优化服务空间，注重用户体验，提高馆藏利用率和服务效率，开展信息素质教育，引导师生尊重和保护知识产权，维护信息安全；在医疗卫生服务中，制订健康教育教学计划，开展传染病预防、安全应急与急救等专题健康教育活动，培养师生公共卫生意识和卫生行为习惯；在安全保卫服务中，加强人防物防技防建设，全面开展安全教育，提高安保效能，培养师生的安全意识和法治观念。

**二、育人能力的标准**

在教育教学管理中，中层干部的育人能力有不同的行为表现。

育人能力高效的行为表现主要有：乐于满足学生/用人方的期望与正当要求；能准确把握与预测学生/用人方的需要；确保课程与服务已按事先承诺提供给学生/用人方；主动收集学生/用人方的最新信息和反馈，并将它用于改进课程与服务；始终以积极态度对待学生/用人方的各种反应；与学生/用人方建立和保持有效的联系，获得他们的信任和尊敬；学生毕业后还能与他们保持联系，与用人方保持合作共赢关系。

育人能力低效的行为表现主要有：想当然地认为已经明确知道学生/用人方的需求；认为学生/用人方的需求是固定不变的；没有根据学生/用人方的特点或需求改变自己的策略和做法；不能准确及时地向学生/用人方提供课程和服务；没有让学生/用人方及时了解学校课程与服务的变化；在学生/用人方提出批评、表达不满时表现得不耐烦甚至发脾气；不主动与学生/用人方建立或保持联系。

基于以上对育人能力低效与高效行为表现的描述，我们提出以下职业院校中层干部育人能力标准要求。

### （一）明确育人的使命与责任

习近平总书记指出："人才培养一定是育人和育才相统一的过程，而育人是本。"育人的根本在于立德。"德若木之根，才若木之枝""求木之长者，必固其根本"，一个人只有拥有高尚的德行，再配上过硬的本领，才能够成就事业、造福社会。职业院校必须以立德为根本，以树人为核心，把立德树人内化到学校建设和管理各领域、各方面、各环节。

中层干部牢记育人的使命，承担育人的责任，必须做到身处管理岗位，心系全体学生，始终要从"我是一名人民教师"的立场和角度去思考问题。

例如，思政部门的中层干部应深入学生群体，开展思想政治教育和价值引领，当好学生思想的引路人；了解学生情况，倾听学生心声，与学生保持联系，加强与学生的思想交流，全面直接了解学生的思想动态，给予学生正确、科学、有效的指导，培养学生较高的政治素质和坚定的理想信念；向学生宣传党和国家的方针政策，讲解学校的改革发展与重大决策，有针对性地开展思想政治教育工作；开展党团组织建设。

学生管理部门的中层干部应直接掌握学生需求，高效解决学生成长过程出现的各种问题，通过下班级、听课、谈话等方式了解学生专业学习、家庭、社会交往、心理健康及班风学风等情况，开展学生干部队伍建设与日常事务管理以及专业化、职业化工作研究；了解学生需求与实际困难，定期写工作总结与工作案例，总结学生学习生活中存在的问题，然后分析问题，交流心得体会，推广行之有效的工作经验，从学校全局出发分析问题的普遍性与特殊性，提高解决问题的针对性与实效性。

招生就业部门的中层干部应引导学生规划人生，助力学生成长成才，通过与学生沟通，了解学生的职业兴趣、专业能力、职业方向，有针对性地指导学生开展素质拓展、社会实践、科技创新、择业就业等活动，提升学生的综合素质，指导学生进行成才目标的设立和职业生涯设计，引导学生进行科学的人生规划，助力学生成长。

教务管理部门的中层干部应对学生进行学业指导与学业管理，包括组织学生开展专业认知及学业规划专题教育，为学生开展学业诊断分析，针对学生学习方法与学业规划进行专题辅导，引导学生形成良好的学习习惯，掌握正确的学习方法。学业管理包括负责学生课程、考试、考证安排；组织诚信应考教育，做好学生学业督导、预警等有关工作。

系部中层干部应发挥专业特长，关注学生个性化成长与发展，承担所辖班级学生的就业指导、创新创业教育、心理教育，协同班主任做好学生个性化成长工作，包括积极开展心理健康知识教育普及、心理辅导、个体咨询，参与学生心理危机的筛查、干预工作；共同组织学生参加各种专业技能学习活动或比赛，指导学生开展课外实践活动，参与学生的实践第一线；保证学生健康成长与综合素质提升；培育学生先进的思想，塑造学生积极向上的面貌，引导学生德智体美劳全面发展。

后勤管理部门的中层干部应加强学校教学设施设备、生活设施设备的达标检查和安全巡查，消除安全隐患，保障学生人身安全，推进平安校园建设；积极组织宿舍活动，走访学生寝室，深入了解学生的思想、生活状态，及时与班主任沟通，解决学生生活上的困难，给予学生温暖，构建文明宿舍文化。

**（二）能积极主动地了解学生/用人方的期望与要求，善于从学生/用人方的角度分析问题，能预见学生/用人方需求的变化趋势**

苏霍姆林斯基说："每一个学生都是具体的。"由于生活环境、学习习惯、兴趣爱好等方面的不同，每个学生都具有各自不同的特点。为扭转传统教学中"一刀切"的教学模式无视学生个性差异的教学弊端，每位中层管理干部都要积极主动地了解学生的期望与要求，从学生发展需求出发，注重研究学生成长规律，满足不同个性学生对教育的多样化需求，使每个学生都在自己原有的基础上得到发展，增强学生学习的信心，真正落实每个学生都有所发展的教育目标。

职业院校直接为用人方提供人才，学校如果脱离企业需求，凭自己的想象培养学生，就有可能脱离行业技术发展的轨道。只有了解用人方的需求，才能培养出社会需要的适用人才。

了解学生/用人方的需求，可以采用以下基本方法。

1. 问卷调查法。问卷调查有助于我们获得多方面较为客观的信息。问卷内容、形式依据调研目的的不同，可以设计有关问题来了解学生/用人方对专业学习、人才培养规格等方面的要求等，为调整教学内容、确定教学目标、实现教学目标的切入点和方法途径找到合理的依据。

2. 访谈法。访谈有利于获得关于学生/用人方期望与需求的深度信息。可以单独利用访谈来获取信息，也可以把它作为问卷调查的辅助形式以获得更多有价值的信息。访谈前要把访谈目的和学生/用人方说清楚，这有助于他们放松、真实地表达自己的需求和看法。访谈前要有明确的访谈目的，并有访谈框架，保证即兴生成的问题不妨碍访谈目标的实现。当然，有时即兴生成的问题会使我们有新的发现，关注、思考新的问题。访谈是通过征求学生/用人方对某个问题、现象的看法，引导学生/用人方关注问题、思考解决问题的方法。

3. 观察法。通过观察的方法来了解学生的期望与要求，并就观察所获得的信息进行分析，能够对学生的期望与要求进行诊断或引导。

**（三）能以亲切、和蔼的态度对待学生/用人方，并对他们的咨询、疑虑或反对做出及时有效的回复或解答**

中层干部在管理或教学过程中，常常遇到学生/用人方的咨询、疑虑或反对等。这些咨询、疑虑、反对或者是因为不了解情况，或者是一己之见，或者是一种偏见，这就需要中层干部回答问题时态度端正、亲切友善，还要掌握方法技巧，有效地回复或解答。一般来说，应遵循以下原则。

1. 诚实坦率地回答每个问题。回答任何问题的正确方式都必须遵循这一原则：只要有人问，你就必须答，这一原则适用于所有问题。你对学生/用人方的每个问题所做出的每一个回答都必须诚实坦率。

2. 回答尽量简洁，迎头指出问题核心。在准确了解学生/用人方所提问题含义并熟悉相关情况的前提下，你的回答要尽量简洁，不要滔滔不绝，也不要展现你雄辩的口才，经验表明在大多数环境下的大多数问题，回答简洁更容易获得对方认同。

3. 列出棘手问题清单。可以事先整理一份本部门可能遇到的学生/用人方提出最棘手的问题清单，并就这些问题如何解答，跟主管领导或同事一同讨论磋商，设计问题解答的要点。

4. 应对特殊问题。若干特殊类型的问题，需要特殊的处理方式。一是跑题的问题，你可以直接回答，也可以暂时搁置一边，告知等陈述结束之后，我很乐意与您分享其中的原因。二是不准确的问题，这类问题只需断然加以驳斥即可。三是不知道的问题，坦诚地向提问者承认，不过答应对方稍后给其答案。四是机密问题，如果你无法回答提问，那就给一个可以不回答的正当理由。五是投机性问题，不要自作预测，可以解释说碍于学校规定此类问题不便回答。六是所述属实的问题，应该按照这样的次序来回答：缓冲、赞同、但是、建议……

**（四）主动征求学生/用人方的反馈意见，不断改进为学生/用人方服务的方法**

从质量管理角度看，学生/用人方其实是学校教育教学的需方，作为供方，学校必须提供优质的教育产品和服务，满足学生/用人方的需要。那么，征求学生/用人方的意见，不断改进学生/用人方服务的方法，不仅是应该的，更是必需的。征求学生/用人方的意见，常用的方式有以下几种。

1. 学生评价。学生评价是学校直接了解学生意见的一种比较民主的方法，一般有问卷调查与座谈会两种形式。问卷调查常用来了解学生对学校教学与管理的意见。通过让学生评价教师的课堂教学质量，增强教师的危机感、紧迫感、竞争意识，不仅有利于教师不断加强学习，提高自身素质，适应新形势下学生对教学工作的要求；而且也有利于学校通过学生评教掌握教师工作情况，分析教学过程是否符合质量要求，从而不断加强教学管理，促使教师改进教学方法，提高教学质量。通过征求学生对学校规章制度、教育收费政策、办学行为规范、校务公开、学生服务、师德师风建设等方面的意见，及时就学生反映的问题进行整改，有利于不断改进工作、提升管理水平。座谈会通常用于深入了解学生对学校教学、管理、服务等较为集中的意见，以便更有针对性地解决问题。

诚然，学生评价的信息并非都是准确的，一些因素不可避免地影响学生评价的公正性、真实性；此外，学生受知识和经验的限制，对有些内容做出的评价可能不准确，在收集学生意见时应该对此加以甄别。

2. 向家长调查。主要是通过家长会、向家长发调查表等形式，征求家长对学校培养目标、学校工作、学生管理、制度规范、班主任工作、教学过程、教育质量等方面的意见和建议。

3. 向用人单位调查。建立毕业生追踪制度，通过向用人单位发放"毕业生满意程度调查表"，征询他们对学校毕业生的意见，也可以同时征求用人单位对学校培养目标、专业（课程）课程设置、毕业生素质结构、教学计划、毕业生表现等方面的意见和建议。

对于收集到的学生/用人方反馈意见，根据客观、准确、有效原则进行检查、核实，传达给有关部门，使学校的相关部门根据学生/用人方反馈信息进行认真分析，尽快查清问题，制订纠正和预防措施。无论是对来自学生、家长的抱怨，还是用人单位、社会方面的不满意，都应高度重视，认真分析，有针对性地提出改进意见，采取纠正措施，并将改正结果反馈给学生/用人方。这不仅有利于改进工作，而且有利于改善学校与学生/用人方的关系，赢得他们的信任和良好的社会声誉。

### (五) 保持与学生/用人方的联系并与他们建立良好的关系

师生关系总是建立在一定社会背景中的，与师生双方密切相关，受多种因素制约。为了建立良好的关系，中层干部可以采用以下几种策略。

1. 了解和研究学生。中层干部要想与学生建立良好的关系，首先，需要了解学生，只有对学生充分了解才能知道从哪些方面对学生做出指导；其次，要树立正确的学生观，以新时代的看法来评价学生，如果仅仅是站在权威者的角度去管理学生，那么得到的只有学生表面上的敬畏，无法做好育人工作；最后，要想与学生取得共同语言，使教育影响深入学生的内心世界，就必须了解和研究学生，了解和研究学生包括了解学生个体的思想意识、道德品质、兴趣、需要、知识水平、学习态度和方法、个性特点、身体状况和班集体的特点及其形成原因。

2. 树立正确的学生观。学生观就是对学生的基本看法，对学生的认识支配着教育行为，决定着教育工作者的工作态度和工作方式。中层干部要树立正确的学生观，学生都有巨大的发展潜力，学生的不成熟性具有成长价值，学生具有主体性，特别是创造性，学生是责权主体，有正当的权利和利益，学生是一个整体的人，是知、情、意、行的统一体。正确的学生观来自对学生的观察和了解，来自向学生学习和对自我的反思。

3. 热爱、尊重学生，公平对待学生。中层干部要想与学生建立良好的关系，必须热爱、尊重学生，公平对待每个学生。学生能从中层干部的言行方面分辨出其对自己的态度，中层干部只有尊重学生，维护学生的自尊心，公平对待每个学生，才能获取他们的信任。热爱学生包括热爱所有学生，对学生充满爱心，经常走到学生中间，绝不挖苦、讽刺学生、粗暴对待学生。尊重学生特别要尊重学生的人格，保护学生的自尊心，维护学生的合法权益，避免师生对立，处理问题必须公正无私，使学生心悦诚服，不因个人偏好而处理事情，要客观公正对待学生和问题。

4. 主动与学生沟通，善于与学生交往。中层干部要想与学生建立良好的关系，必须主动与学生沟通。如果仅仅认为学生由班主任、辅导员管理，中层干部无须与学生打交道，就是对自己育人职责的漠视。中层干部主动与学生沟通，了解自己所需要的信息，可以更好地开展管理与服务工作。师生关系一般要经历生疏、接触、亲近、依赖、协调、默契等阶段。在师生交往的初期，往往会出现不和谐因素，如因为不了解而不敢交往或因误解而造成冲突等，在教学、管理过程中出现的矛盾是不可避免的，这就要求我们掌握沟通与交往的主动性，与学生保持接触、与学生交心。同时，还要掌握与学生交往的策略和技巧，如寻找共同的兴趣或话题、一起参加活动、邀请学生到家做客、通信联系等。与学生有效沟通，更利于正确、及时地处理矛盾，提高管理效率和服务水平。

5. 努力提高自我修养，健全人格。中层干部要想与学生建立良好的关系，必须提高自身素质，为人师表。如果学生对中层干部没有尊敬，只有埋怨与不满，那么中层干部就无法开展育人工作。中层干部的师德修养、知识能力、教育态度、个性心理品质无不对学生产生深刻的影响。要使师生关系和谐，中层干部必须通过自己崇高的理想、科学的世界观和人生观、渊博的知识、严谨的治学态度、活泼开朗的性格、多方面的爱好与兴趣等来吸引学生。为此，中层干部必须加强学习和研究，使自己更有智慧，进行自我反思，正确评价自己等。

**（六）牢固树立校企政等多方协同育人的意识，善于整合多主体创新要素和资源，推进产教深度融合，与时俱进改革人才培养模式**

中层干部的育人能力，还需要从与企业等多主体合作、促进校企协同育人方面来加以提升。校企协同育人是职业院校教育教学改革的必要途径。中层干部应具有与企业合作、推进产教融合的能力，能够发现校企双方利益的协同点，寻找有效合作途径并激发企业参与动力，积极拓展校企协同育人有效途径，探索校企协同育人新机制。尤其是负责系部管理的中层干部，可以通过推进"引企入教"方式，带领专业负责人及教师致力课程内容与技术发展衔接、教学过程与生产过程对接、人才培养与产业需求融合，引领专业才培养模式创新；引导行业企业深度参与教材编制和课程建设，设计课程体系、优化课程结构；带领教师关注行业创新链条的动态发展，推动课程内容与行业标准、生产流程、项目开发等产业需求科学对接，开发一批高质量校企合作课程、教材；提出搭建产学研服务平台的措施办法，努力构建基于产业发展和创新需求的实践教学和实训实习环境，培养社会适用人才，不断提高育人质量。

### 三、提高育人能力的策略

#### （一）坚持以学生为本的育人观

学校管理育人工作的精髓在于以学生为本，这既是职业院校育人务必要秉承的基本原则，又是科学发展观的重要体现。众所周知，育人是教育的本质目的，为社会培育出一大批优秀的高素质人才是教育的根本出发点。以学生为本的理念在学校的每个育人环节（教学活动、管理活动、后勤服务等）得以体现和贯彻，这实质上是对学生的肯定与尊重，是先进的价值取向与教育观念。

坚持以学生为本的育人观，要多尊重学生、多理解学生、多关爱学生，要采取行之有效的措施来解决好学生的各种问题，指导学生妥善地处理好健康生活、合理交友、正确择业、积极学习等多个方面的问题；教师要成为学生的"贴心人"，要用润物无声的方式来代替官僚式管理。与此同时，还要充分发挥学生的创造性与积极性，要让学生对关系自身的事务有一定的评议权、发言权、知情权，最大限度地提高学生的自我教育能力与自我约束能力，增强管理育人的实效。

#### （二）研究和应用有效的育人方法

在当前新的教育形势下，中层干部要学习现代管理科学，掌握现代管理技术，自觉运用科学理论、科技知识、科学方法来观察和处理问题，不断提高科学决策能力和工作水平。简单粗暴的管理方式不符合学生的思维发展规律和个性心理，要寻求与学生和谐沟通的心理契合点。对学生的某些缺点，需要批评，但要讲究方法注意效果，促使学生产生共鸣。中层干部要深入实际，认真研究工作对象，了解学生的思想行为，找出特点和规律，寻求育人艺术，采取有效的育人方法。管理育人是一门学问和艺术，不断地研究和探讨管理育人的基本理论和操作方法是一项重要课题。只有通过不断掌握学生思想政治教育的发展动向，不断进行知识更新，坚持终身学习，学习新理念、新动态、新技术，才能更好地服务学生，培养学生，让学生信服。尤其是在信息时代，随着互联网的快速发展，学生通过网络获得新知识的同时也会获得负面信息，中层干部应熟练应用网络技术，善于利用微信、抖音、QQ空间等新型媒介与学生进行深入探讨和交流，发布正能量的信息，用正能量的信息进行思想引领，合理引导学生正确使用网络，推动线上育人和线下育人相结合。

## （三）建立完善的育人制度

职业院校管理育人的基础实质上在于健全完善的管理规章制度。管理规章制度导向性较强，也是管理育人的主要措施，教职工福利管理、后勤管理、财务管理、设备管理、科研管理、教学管理、学生管理等，无不需要规范化的规则制度作为保障。制度育人作为管理育人的主要形式之一，其主要目的是充分促进广大教职工和学生更好地掌握和理解规章制度，自觉遵守和执行规章制度。学校中层干部在向教职工和学生传递制度规范、导向作用的过程中，可利用专题辩论、专题讲座、演讲比赛、知识竞赛等方式来加大宣传力度，促使全体师生普遍遵守与严格执行，从而在学校中营造出一种良好的学风、校风氛围，让制度真正发挥管理育人的作用。

## （四）建立管理育人激励体制

学校在建立健全监督制度、福利分配制度、薪酬管理制度等一系列制度的基础上,要对不同级别教职工在管理育人工作中的日常表现进行综合考核,最大限度地征求全体员工的意见,以制订出切实可行的奖励分配方案,确保激励机制的公正和公平。此外,要切实有效地监督奖励分配过程与绩效考核过程,确保在管理育人工作中表现优异的教职工都可获取相对应的奖励报酬,实现专业人才与管理人才之间的良性互动,激发全体教职工的工作积极性。

**(五)注重团队建设,塑造育人品牌**

以思想引领、心理服务、创新创业辅导、职业发展规划、传统文化育人、志愿服务等为主题,建设育人团队,定期开展集体讨论、案例分析、学习沙龙、团体辅导、个体咨询等形式多样的线上线下活动,用团队力量为学生提供个性化引领、辅导和帮扶,促使育人团队成为凝聚育人合力的摇篮、创新育人理念方法的平台。

## 育人能力自测题

1. 2015年8月31日,习近平总书记在全国优秀教师代表座谈会上发表重要讲话,提出了坚持育人为本、德育为先,把(    )作为教育根本任务的指示。

A. 德智体美劳　　　　　　B. 立德树人

C. 以人为本　　　　　　　D. 人的全面发展

2. "教育无小事,事事是教育。"这体现了教师职业道德实践活动中(    )。

A. 工作与学习的一致性　　B. 复杂与艰巨的一致性

C. 教书与育人的一致性　　D. 个体与群属的一致性

3. 在学校的师生关系中,最基本的关系是(    )。

A. 以年轻一代成长为目标的社会关系

B. 以直接促进学生发展为目标的教育关系

C. 以维持和发展教育关系为目的的心理关系

D. 以传承文化为目标的授受关系

4. 你认为中层干部育人的使命与责任是什么？
5. 你是如何理解教书育人的？
6. 你是如何理解管理育人的？
7. 你是如何理解服务育人的？
8. 你是如何理解"三全育人"的？
9. 你所在部门有哪些工作与学生有直接联系？
10. 请举例说明你是如何与学生建立良好关系的。
11. 你所在部门工作中有哪些育人要素？可以开展哪些育人活动？
12. 除了你所在部门，你认为学校其他部门可以开展哪些育人活动？

# 第二单元　分析判断能力

职业院校中层干部能否看出管理活动表面上互不相干事件的内在联系，并从系统的角度进行分析，做出正确判断，是一项重要的管理能力。随着教育教学改革的不断深化，学校中层干部要接触各式各样的事物，必须要有较强的分析判断能力，只有这样才能在纷繁复杂的事物中找出问题的症结，较好地完成工作。分析判断能力有助于中层干部把握全局，并深入系统地分析、解决问题。通过对已知信息的处理，对事物发展趋势进行方向性把握，有助于中层干部在进行部门规划和制订工作计划时，提高工作效率和准确度。学校管理错综复杂，常常需要主管去了解事情的来龙去脉、因果关系，从而找到问题的症结，并提出解决方案。

## 一、分析判断能力的内涵

职业院校中层干部的分析判断能力，主要是指收集与分析相关信息，提出多个备选行动方案或措施，并运用知识与经验从中找出符合当前情况的最佳解决方案。分析判断能力包含两个方面：一是分析能力，二是判断能力。

### （一）分析能力

分析能力是人在思维中把客观对象的整体分解为若干部分进行研究、认识的技能和本领。客观事物是由不同要素、不同层次、不同规定性组成的统一整体，为了深刻认识客观事物，可以把它的每个要素、层次、规定性在思维中暂时分割开来进行考察和研究，弄清楚每个局部的性质、局部之间的关系以及局部与整体的联系。借助分析能力，可以对判断对象的认识由表到里、由浅入深、由难到易、由繁到简，从而把握判断对象的本质，为科学决策打下基础。

分析能力包括将问题系统地组织起来，对事物的各个方面和不同特征进行系统的比较，认识到事物或问题在出现或发生时间上的先后次序，在面临多项选择的情况下，通过理性分析来判断每项选择的重要性和成功的可能性，以决定取舍和执行的次序，以及对前因后果进行线性分析的能力等。

分析能力是一个人智力水平的体现。分析能力在很大程度上取决于后天的训练。在工作和生活中，我们经常会遇到一些难题，分析能力较差的人，往往思来想去不得其解，以至于束手无策；反之，分析能力强的人，往往能自如地应对一切难题。一般情况下，一个看似复杂的问题，经过理性思维的梳理后，会变得简单化、规律化，从而被轻松、顺畅地解答出来，这就是分析能力的魅力。

分析能力强的人，能够辨认出一个问题的多个方面，并对每个方面进行详细说明，标出它们之间复杂的因果关系（多因多果、互为因果、交叉影响的因果关系等）；能够同时运用若干种演绎思维的方法（如因果关系、轻重缓急、时间顺序等），将复杂的问题或事物分解成若干部分进行分析判断；能够运用不同的分析技巧，制订复杂的计划或做出分析，在理性分析的基础上，对多种系统方案的优劣进行判断和选择（如成功的可能性，成本效益的比较，需求的急迫性，对未来的潜在影响等），不只是对问题进行一般的分解，更重要的是可以看到因果关系，可以辨别、分析事物之间多层因果、环环相套的关系，做出自己独到的分析，看到别人看不到的东西。

（二）判断能力

判断能力是人在思维的基础上对事物进行分析、辨别、断定的技能和本领。判断能力要求人们对事物做出肯定或否定的明确回答。衡量判断能力的标准是社会实践。如果判断结果与客观实际相符，那就是真的、对的，说明判断能力高；如果判断结果与客观实际相悖，那就是假的、错的，说明判断能力低。判断能力以人的认识能力为基础，只有对事物有准确、全面、深刻的认识，才能做出正确的判断。

1. 判断的前提是概念。一个人在行为过程中能否做出正确判断，主要前提是看他对概念是否有准确的认识与把握。概念包括内涵和外延，内涵是概念所反映的事物的特有属性；外延是具有概念所反映的特有属性的事物。了解概念的过程就是探索事物本质的过程。因为只有把概念弄清楚了，我们才可以去对事情做判断。

2. 把握事物属性的结构与联系是做出准确判断的关键一步。任何事物都有其结构，这些结构都不是孤立存在的，而是按照一定规律或原则进行组合而形成的一个整体。当我们对事物进行判断的时候，除了解其具备什么属性特征外，还要认识属性之间的结构和联系，包括内部结构和外部结构，内部联系和外部联系。

3. 丰富的知识和经验是判断的重要条件。判断从本质上讲就是认识事物属性，把握事物的结构和联系的过程。具备丰富的知识和经验，才能对事物做出准确、深入、全面的判断。

4. 价值观会影响判断。价值观是指一个人对某事物以及在各种可能目标中选择自己合意目标的准则。一个人的价值观如果是片面的，那么他对事物的认识和判断也会偏激或者错误。

判断能力的强弱是衡量一个人思维能力强弱的重要标准之一。具备敏锐的判断能力是一个人敏捷的思维能力的体现，也是反映一个人在危急时刻能够快速、果断、准确地把握事物的本质、做出正确决策的基础。

### （三）分析判断能力

分析判断能力是指人对事物进行剖析、分辨、单独进行观察和研究的能力。

分析判断能力较强的人，往往学术有专攻，技能有专长，在自己擅长的领域里，有着独到的成就和见解。分析判断能力的高低还是一个人智力水平高低的体现。

## 二、分析判断能力的标准

在教育教学管理中，中层干部的分析判断能力有不同的行为表现，低效的行为表现主要有：对面临的问题比较茫然，不知道从何入手收集相关信息或只是随意收集；依靠单一的信息来源，疏于扩大信息源；分析问题时过于粗略或者过于纠缠细节；分析问题只停留在表面，看不到各种事物或现象之间的联系以及背后的根本原因；在情况不明时，要么举棋不定、优柔寡断，要么想当然的草率决定；做决定时受到个人偏见、情绪的影响，常提出不够全面、缺乏操作性的方案。

分析判断能力高效的行为表现主要有：面对不同的问题，能很快知道从哪些地方、通过哪些途径、运用哪些方式收集哪些信息以帮助判断；能平衡充分收集信息提高判断准确性和及时做出判断之间的矛盾；能从多个角度，全面客观地分析问题，能充分考虑各利益相关方的内在联系和利害关系；能透过表面现象理解问题，能看到问题不明朗的一面；能迅速分析整理来自各方的、混乱的，甚至是相关矛盾的信息并找到关键点，做出有效判断；能将复杂的问题进行分解，并转换成简单的、可操作的解决方案；在情况不明或信息不全的情况下也能做出有效判断。

基于以上对分析判断能力低效与高效行为表现的描述，特对职业院校中层干部分析判断能力标准提出如下要求。

### （一）系统收集对解决问题最有用的材料和信息

对于学校中层干部来说，每天面对的教育管理事项往往不是独立的，而是在整个教育教学过程中产生的，不能就事论事。因此，需要从宏观方面对事物进行总体判断，这就必须系统收集信息，收集最有用的信息。

一个完整的信息收集过程可以分为搜索—提炼—集成—整理四大部分。

1. 搜索，即从各种搜索渠道找到所需的信息。

一是要确定搜索的主题，明确搜索的主题可以高效地搜索到想要的信息。二是要提炼搜索关键词。搜索是为了解决某个问题，搜索过程可以看作是向搜索引擎提问，要学会用机器"听得懂"的语言向搜索引擎提问。明确所需信息的核心关键词很重要，因此要学会选择并提炼关键词。尽量不要把整个句子搬到搜索引擎，冗长繁杂的长句子其实大部分是无效信息，要学会选择并提炼合适的关键词来描述问题。如果使用的关键词无法快速搜到想要的信息，可以换个思路，想清楚所搜索信息的关键是什么，换几个关键词试试。三是分解目标。有时候直接搜索并不一定能解决问题，可能需要一系列的搜索才能找到需要的信息。当"直接搜索"无效时可对问题进行拆分细化，分解成更垂直的有针对性的小问题，高效地找到需要的信息，对于那些复杂或者抽象的问题更应如此。

搜索信息可以利用导航网站百度、谷歌、搜狗、必应等主流搜索引擎。常见的问题或只需了解基本概念的问题，可以直接通过搜索引擎搜索。想要快速了解某个领域最详尽、最前沿的信息，最好到具体的垂直网站进行查询。平时要多关注一些与个人职业/专业/兴趣等相关的权威网站，查询目标领域有影响力的网站，或者多留意质量比较高的资料出自哪些渠道。

2. 提炼，即在众多的信息当中筛选提炼出你需要的精准信息。

如果对于某个领域比较陌生，可以先看几篇这个领域具有权威性的资料，对于这个领域有大致的了解。在搜索过程中明确有价值的信息是哪些，对于那些无关的信息，可以快速地略过，而对于疑似目标的搜索结果，需要点进去，快速地浏览搜索结果的前面一两页，这样就可以大致判断是不是自己所需要的信息，如果是，可以进一步精读。如果搜索结果是需要的信息，可以综合评定其质量的好坏。

可通过以下维度来判断搜索结果的价值：关联性，即与搜索目标是否高度匹配；权威性，即网站、发布者是否可靠，是否具有权威性，文章的目的、逻辑、数据等是否可靠严谨；完整性，即搜索结果的广度和深度。总之，要学会分辨和评估信息。信息的评估是一个持续的过程，不要等到所有信息都收集以后再评估，要收集一个信息，评估一个信息，并且建立资源库，对优质资源进行储备，非优质资源进行剔除，这样做的好处是可以深度挖掘信息是否有用。

3. 集成，即把经过筛选的信息，建成个人资料库，按照自己的习惯分类整理到方便访问的地方。

把有价值的信息收藏到网页端或者直接保存到印象笔记等工具中，也可以整理到思维导图里。注意每个有价值的信息在保存之前，要加一些简明扼要的注释，方便后面利用这些信息。要养成信息集成的习惯，把一个问题的所有信息按照一定的逻辑整理在一起，并按照资料的价值由大到小排序。

4. 整理，即定期对收集的信息进行整理（删除、去重、归纳、加标签等），提升搜索效率。

搜集的信息如果不定期整理，时间久了难免趋于杂乱。信息的整理包括检查并调整信息归类，删除不需要或者重复的信息，调整信息的标签等。不仅要定期整理印象笔记、网页收藏夹等，还要定期整理电脑文件夹。可以利用思维导图，把整理后的文件夹或者网页收藏夹等按照思维导图的形式，整理成一个目录，方便后续在自己的资料库中快速查找资料。

（二）能够全面分析问题的各个方面及其重要细节，善于从不同角度来分析问题，能从微观方面考虑事物的各个组成成分

事物的产生不是突然的，总是在不断堆积中由各要素组成的，不分析这些要素，就无法对整体有充分的认识。同时要注意整体和部分的相互关系及各部分之间的有机协调组合。组成事物的特别要素往往是相互

联系的，这些内在的联系构成了事物整体的特性。

分析判断要从整体上把握事物，把事物视为多层次、多方面、多阶段相互联系的统一体，对各部分和各要素进行周密的分析，把有内在联系的要素归结起来，从整体上真正认识客观事物。分析判断强调对客体本身的内部规律的发现，无论事物、事件还是某种学说或思想，当它成为对象时都被视为"有形"的客体，都可以被划分、被解释，这种解释是由外而内逐渐深入的过程。

从不同角度来分析问题，具体可从以下三个方面着手。

1. 从他人角度看问题，突破立场限制。立场，是使我们陷入思维局限的重要原因之一。世上有无数种"立场"，每个立场都有各自的感受、考虑和理由。面对相同的事，不同立场的人，看法和解决的方法都不一样。人们常常无意识地从自身的立场出发看问题，或是只使用一种立场来思考事物，因此只能看到事物的一部分，正如"盲人摸象"一般，以偏概全。要突破立场限制，我们就要养成"从其他人角度想一想"的习惯，大胆地思考和自己不同的观点，从而让自己思考得更加深远。除了有直接关联的"他人"，接触更多的外部视角，也能够让我们获得崭新的观点。

2. 从未来角度看问题，突破惯性限制。一个计划不论看起来多么完美，一旦付诸行动，都有可能遇到种种不顺利的情况。而我们经常看到的是，当人们赞成、同意某个方案时，大部分人会下意识地倾向"一定会成功"，而不会去思考"发展不顺利的情况"。只做最好的打算，希望侥幸逃脱最坏的结果，这是人们潜意识里的一种思维惯性。打破这种思维惯性，站在未来角度考虑将来的结果，这种思考主要有四个步骤：一是该想法、方案如果成为现实，会发生什么事？同时设想发展顺利和不顺利时的情况；二是想象成功时的情况和失败时的情况，思考面对这两种情况时应该采取的措施；三是思考该措施有没有实现的可能；四是思考该措施有没有现在执行的必要。

"未来角度"不仅仅可用在管理活动过程中，在日常生活中做任何重要的选择或决定之前，也都可以采用这个方法。

3. 从逻辑角度看问题，突破假象限制。逻辑是一门研究思维和论证有效性的规范和准则的科学。任何一个问题，均可以从十个方面予以厘清和表述：实体、数量、相对物、性质、行动、承受、何地、何时、所处、所有。通常我们看问题，除了角度单一，想法不周全外，我们的思维还很容易被"隐藏的假象"所欺骗。学会识破各种隐藏的假象，才能避免陷入轻信、人云亦云的陷阱，大幅度提高自己的独立思考、深度思考能力。

他人角度、未来角度、逻辑角度，是有效提升思维水平的三个很好的角度，有助于我们提升看问题的深度和广度。

### （三）能透过表象理解和判断隐含的事件和信息

在纷繁复杂的事物中，能透过现象看本质，积极探索事物发展的规律，预测发展的趋势，提出解决问题的建议。事物总是通过表象展现在人们面前的，对人们最有用的是表象下的规律，找到这些规律性的东西，也就找到了问题的解决方案。也就是说，在看待问题时，抓住这个问题背后的"根本性"运作逻辑，能够理解它真正的前因后果，而不是被表象、无关要素、感性偏见等影响判断。

分析判断问题的时候能够参照来自不同渠道的数据和资源，避免片面的看法；对任何事情都懂得分析什么是表面现象、什么是影响其本质的关键因素，分析任何问题都会事先寻找证据，然后在此基础上给出结论。善于把握事物的全局，能够将问题分出清晰的条理，以便抓住事物的本质。

提高理解和判断事件本质的能力，必须经历学习→实践→复盘→优化四个阶段的循环反复。首先是学习前人的经验，搭起对这个领域认识的一个基本框架；然后在实践中应用，在实际的成功和失败中获取更深的体验和更透彻的理解；不管是成功还是失败，对事情过程进行复盘收获经验和新知；运用新经验、新知识对旧理论进行整合优化。一个人能够不断成长，本质上只在于上述四个步骤的反复应用。

**（四）在情况不明或信息不全时及时做出有效判断**

在时间紧急的情况下，人们要靠直觉立即决策。立即决策，至少有50%或者若干成功率，犹豫不决，可争取到的成功率将全部丧失，也就是说，不作为、慢作为是最差的决定；在时间宽松的情况下，可以多方借助他人智慧，不断探求试错，大胆假设，小心求证，让信息尽可能的全面准确。

**（五）能充分考虑有利因素、不利因素、时效性及各种资源，对多种解决方案进行比较和评估，选择一个最合适的解决方案**

如何从数个可行方案中选择最优方案？必须要对各个方案的优、缺点进行充分比较，主要是看哪个方案最接近许可的条件和计划目标的要求，而且风险最小。如果需要考虑的因素较多，其中又包括一系列不确定的因素，方案的比较就相对困难一些。在实际工作中，人们往往综合运用以下三种方法来选择较优方案。

1. 经验。经验在抉择时起着重要作用。"前事不忘，后事之师"，经验是最好的老师。某项已成功的计划，如果其组成要素没有变化则同样的计划不会失败。需要注意的是，经验不仅是某个管理者的个人经验，也包括众人的经验；不是事物表面的偶然联系，而是事物内在的本质联系。好的抉择是为未来而做的，经验只是历史的写照，为了做好抉择，管理者要清醒地估计自己以往的经验，要学习别人的经验和科学知识，要分析客观情况的内在本质联系。

2. 试验和试点。对于一些依靠经验、直觉以及数学分析均难以做出正确决定的问题，通常是依靠试验和试点来解决的。此种方法虽好，但费钱、费时、费力，所以只有当其他方法都不宜采用时才采用此方法，而且要尽量吸取以往的经验以减少试验量。

3. 借助于建立数学模型进行研究与分析。这种方法首先是将问题分解为各部分，找出影响目标达成的所有重要参数和限制因素；其次是分析并找出各参数和限制因素与目标之间的因果关系，建立数学模型；最后是将各可行方案的假设变量值代入模型求出结果，并互相比较，确定较优方案。

### 三、提高分析判断能力的策略

#### （一）加强理论学习，学会运用理论来分析判断

要提高分析判断能力，必须学会运用相关理论知识去看待问题。理论知识不仅是一项分析的工具，而且是必不可少的工具。一个不具备足够知识和经验的人很难对事物进行深入全面的分析。所以我们必须从各方面充实自己的知识，完善自己的知识结构。中层干部应重视学习学校管理理论，一方面可以分析学科本身的缺陷，注意相关学科的发展，借鉴其中的有益之处；另一方面可以深入研究学校管理学已经总结出的科学理论，深刻认识学校管理学对有关规律的揭示，进而指导学校管理实践。

#### （二）学会多角度、多层次、多方面看问题

如果仅是运用某门学科知识去分析问题，往往会造成看问题的片面性和分析的不到位。从多角度、多方面、多层次去看问题，就要从各个学科，甚至各学科的某个知识点去分析某一事物。要看到事物的内因和外因，把握事物宏观方面和微观方面，主要方面和次要方面等等。这样才能够对问题有更准确的把握，得出的结论也比较全面。建议学会运用"六顶思考帽"法。

六顶思考帽是"创新思维学之父"爱德华·德博诺博士开发的一种思维训练模式，或者说是一个全面思考问题的模型。运用德博诺的六顶思考帽法，将会使混乱的思维变得更清晰，使团体中无意义的争论变成集思广益的创造，使每个人变得富有创造性。

六顶思考帽是指使用六种不同颜色的帽子代表六种不同的思维模式。任何人都有能力使用以下六种基本思维模式。

1. 白色思考帽。白色是中立而客观的。戴上白色思考帽，人们思考的是客观的事实和数据。

2. 绿色思考帽。绿色代表茵茵芳草，象征勃勃生机。绿色思考帽寓意创造力和想象力，具有创造性思考、头脑风暴、求异思维等功能。绿色帽子是用来进行创造性思考的。事实上，绿色帽子包含了"创造性"一词本身的含义。创造性思考意味着带来某种事物或者催生出某种事物，它与建设性思考相似。绿色帽子关注的是建议和提议。创造性思考意味着新的创意、新的选择、新的解决方案、新的发明。

3. 黄色思考帽。黄色代表价值与肯定。戴上黄色思考帽，人们从正面考虑问题，表达乐观的、满怀希望的、建设性的观点。

4. 黑色思考帽。戴上黑色思考帽，人们可以运用否定、怀疑、质疑的看法，合乎逻辑地进行批判，尽情发表负面意见，找出逻辑上的错误。

5. 红色思考帽。红色是情感的色彩。戴上红色思考帽，人们可以表现自己的情绪，还可以表达直觉、感受、预感等。

6. 蓝色思考帽。蓝色思考帽负责控制和调节思维过程。负责控制各种思考帽的使用顺序，规划和管理整个思考过程，并负责做出结论。

六顶思考帽是一个操作简单、经过反复验证的思维工具。这个工具能够帮助人们召开更加集中、高效的会议，在大多数人只能发现问题的地方发现机会，从全新和不寻常的角度看待问题，从多个角度看问题，培养协作思考意识，减少交互作用中的对抗性和判断性思考，采用一种深思熟虑的步骤来解决问题和发现机会，创造一种动态的、积极的环境来争取人们的参与，解决问题时发现不被人注意的、有效的和创新的解决方法，是组织贯彻解决方案的简单易行的工具。

六顶思考帽应用流程如下：

第一，陈述问题（白帽）；

第二，提出解决问题的方案（绿帽）；

第三，评估该方案的优点（黄帽）；

第四，列举该方案的缺点（黑帽）；

第五，对该方案进行直觉判断（红帽）；

第六，总结陈述，做出决策（蓝帽）。

对于学校中层干部来说，六项思考帽的作用和价值表现为：这种思维区别于批判性、辩论性、对立性的方法，而是一种具有建设性、设计性和创新性的思维管理工具；它使思考者克服情绪感染，剔除思维的无助和混乱，摆脱习惯思维枷锁的束缚，以更高效的方式进行思考；用六种颜色的帽子这种形象化的手段使我们非常容易驾驭复杂的思维；当我们认为问题无法解决时，六项思考帽就会提供一个崭新的契机；使各种不同的想法和观点能够很和谐地组织在一起，避免人与人之间的对抗；经过一个深思熟虑的过程，最后去寻找答案；避免自负和片面性。六顶帽子代表了六种思维角色，它几乎涵盖了思维的整个过程，既可以有效地支持个人的行为，也可以支持团体讨论中的互相激发。

### （三）学习他人的经验

学习他人的经验，重要的是能有效地将榜样的经历、经验转化为自己可以使用的知识、方法或指南。学习他人的经验可采取以下五个步骤。

1. **锁定榜样的某段经历。** 分析这位榜样是如何从一个不起眼的普通人一步一步变成现在光芒四射的专家的，这样就可能找到与我们匹配的经历，从中获得启发。所以，当我们想要向某个榜样学习时，首先要做的是解构榜样的过去，描画出他的足迹，标注出关键经历，从中选择与自己状态匹配的一段或几段经历。筛选并明确自己想从这个榜样身上学习什么、借鉴什么、汲取什么。

2. **用5W1H分析这段经历。** 一旦锁定了榜样的某段经历，就可以运用下面的5W1H法来分析他的这段经历。

What：他做的这件事，到底是什么？他做的这个选择，到底是什么？

Who：他获得了哪些人的支持？哪些渠道的支持？

Why：他为什么做这个选择？考虑了哪些因素？

When：他为什么那个时候做选择？提前一年可以吗？为什么？推后一年可以吗？为什么？

Where：他在哪里做的这件事？为什么是这里？这里有哪些环境因素能帮助他取得成就？换一个场所可以吗？为什么？

How：他具体是如何一步一步做到的？

可以从榜样的演讲、访谈、经历故事类文章、传记等材料中搜集信息，分析出5W1H的答案。

3. 对比反思自身经验。分析了榜样的某段经历，接下来就要关联自己的相似经历，进行对比反思。可以问自己下面几个问题：我哪里做得不好？具体不足有哪些？为什么会有这些不足？

4. 从榜样经历中汲取经验值。通过将个人经历和榜样的经历进行对比反思，就能从榜样身上汲取对自己有指导意义的经验值。经验值可以分以下三个层面：事件、工作流程、策略。所谓事件，就是榜样做的具体的事情自己没做，那这件事本身就是可以汲取的经验值；所谓工作流程，是指榜样做某一件事情的工作步骤，按照这个步骤，我们可能也会把该事情做成；所谓策略，是指榜样做某件事情的出发点或指导原则，它是抽象的，是在具体事件和工作流程之上的。

5. 应用经验值指导自己的新实践。有了经验值，还要把它落实到自己未来的实践中，这样才能做出和过去不一样的行为，收到不一样的效果。所以，在向榜样学习后，至关重要的环节就是制订一个目标，将经验值落实到新的实践上。

综上，学习他人的经验，可以应用以上五个步骤，以改变听过就算、过阵就忘、缺乏改变的现状，让我们真正能够从别人的经历中学习经验，改变自己的行为，成就更好的自己。

### （四）养成善于思考的习惯

实践是检验真理的唯一标准。任何事物都是有因果关系的，养成一种善于思考的习惯，多去分析管理活动中的因果关系，同时还要经常总结，把对管理过程的看法写下来，这有助于提高分析判断能力。

善做事不如善谋局，只有善于思考、反应灵敏、精于谋略、善于策划，才能在错综复杂的职场中给自己制订一个清晰的做事计划，并顺着这个计划去思考，出谋划策，成就一番事业。成功的人都有善于思考的习惯，在思考中出谋划策。真正成功的人的诀窍是善于把思考与实际结合起来，创造出一个又一个奇迹。那么，如何养成善于思考的习惯呢？

一是必须有广博的知识和丰富的经验。谋略与知识是密不可分的，只有知识广博，才可能足智多谋。

二是思考问题要熟悉客观情况，认真研究和掌握思考对象之间的关系。

三是要把握时机，果断地做出决定。俗语说："机不可失，时不再来。"谋略要配合一定的机会，谋略在特定时间和地点，在特定条件下才能成功。此外，谋略也是随着时间、地点、条件的变化而变化的。这个时候全方位思考就很重要了。做事果断与冒失或轻率的区别在于，果断是经过深思熟虑、充分估计客观情况之后迅速做出的有效决定，在条件不足，需要等待时积极准备，在情况发生变化时，又善于根据新情况及时制订新的应对策略。种种的足智多谋都是经过深思熟虑后得出来的，不经过思考不可能成就一番事业。因此，要想成就事业必须养成善于思考的习惯。

### （五）掌握常用的分析判断方法

运用管理技术、管理方法有助于提升中层干部的管理能力。在学校管理工作中，常用的分析判断方法主要有以下几种。

1. 鱼骨分析法，又称因果分析法。这是一种发现问题"根本原因"的分析方法，可分为问题型、原因型及对策型鱼骨分析等几类先进技术分析。当管理问题出现时，通过讨论问题产生的根源，找出主要问题出现在哪些环节，以及需要重点解决的问题，并区分哪些是先天的限制因素，是否可以通过努力去改进；哪些是由于条件的限制暂时不能改进的，是否可以通过改进其他问题进行弥补。这个过程找出的各种因素，按相互关联性整理成层次分明、条理清楚的图形，其形状如鱼骨，所以叫鱼骨图。绘制鱼骨图主要步骤：查找要解决的问题，把问题写在鱼骨的头上；召集同事共同讨论问题出现的可能原因，尽可能多地找出问题，把相同的问题分组，在鱼骨上标出；根据不同问题征求大家的意见，总结出正确的原因；拿出任何一个问题，研究为什么会产生这样的问题，针对问题的答案再问为什么，这样至少深入五个层次（连续问五个问题）；当深入到第五个层次后，认为无法继续进行时，列出这些问题的原因，而后列出至少二十个解决方法。

2. SWOT分析法。将与研究对象密切相关的各种主要内部优势、劣势和外部的机会和威胁等，通过调查列举出来，并依照矩阵形式排列，然后用系统分析的思想，把各种因素相互匹配起来加以分析，从中得出一系列相应的结论，而结论通常带有一定的决策性。运用这种方法，可以对研究对象所处的情景进行全面、系统、准确的研究，从而根据研究结果制订相应的发展战略、计划以及对策等。

3. 意见汇集法，也称主观判断法。它是由学校熟悉教育管理的领导人、中层干部和业务干事，根据多年的实践经验集思广益，分析各种不同意见并对之进行综合分析评价后所进行的判断。这一方法产生的依据是，学校内部的各有关人员由于工作岗位和业务范围及分工有所不同，尽管他们对各自的业务都比较熟悉，但其对问题理解的广度和深度受到一定的限制，在这种情况下就需要各有关人员既能对总的学校管理与发展战略有充分的认识，又能全面了解学校当前情况，进行信息交流和互补，在此基础上经过意见汇集和分析，就能做出比较全面客观的管理判断。

总之，分析判断问题归根结底就是思维问题，是能否对一个事物全面准确把握、透过现象看其本质的问题，是衡量一个人思维能力强弱的重要标准，也是学校中层干部能否胜任管理工作的重要因素。所以我们要特别注重对自身思维能力的培养，切实提高分析判断能力。

## 分析判断能力自测题

1. 请给出一个事例，表明你在面对复杂局面时是如何分析和评估的。

2. 请列举一个你在工作中面对微妙而又困难的局面时，能够成功地保持客观分析能力的例子。

3. 请列举一个你与其他同事看待同一问题但角度不同的例子。

4. 你觉得你在解决问题时是凭逻辑推理还是仅凭感觉？请根据工作经历来谈谈你的体会。

5. 假设你做了一个决定，这个决定的结果比较差。你该怎样弄清原来的分析究竟忽略了什么呢？

6. 有人说中层干部夹在领导和群众中间，两头受气，对此你怎么看？

7. 关于教师经悉心培训晋升高级职称后离职是否给学校造成损失，梁校长表示："我们不希望用禁止离职将人'捆绑'起来，而是要使学校具有吸引力。如果一个有前途有才干的教师要求辞职，这的确是令人遗憾的事情。但是，应该对此进行检讨的是我们自己而不是他。"梁校长认为，如果由于担心这种情况的发生放弃对教师的培训，是极不明智的做法，因为教师的在职培训往往会对其成长产生很大影响。根据以上内容，梁校长想表达的主要观点是（　　）。

A. 要防止教师辞职

B. 有前途的教师辞职是一件令人遗憾的事情

C. 不能因为担心教师流失而放弃培训教师

D. 教师的在职培训会对其成长有很大的影响

E. 要增强学校的岗位吸引力

8. 学校实行校、系部二级管理体制，各系部都遵照学校的原则来运作，分享同一个使命和目标，实施教育教学过程，这需要有严格的内部控制系统来维护。学校要具备高标准的内部控制系统,设置专门办公室对各部门、各系部实施检查、考核,以检查原来运作中有没有背离学校的原则和规定,挖掘现有运作中的漏洞和瑕疵。上述内容的核心思想是( )。

   A. 学校设置了专门的办公室,经常进行检查和考核
   B. 学校具有严格的内部控制系统,保证属下各个组织机构按照统一原则运行
   C. 学校的业务培训非常严格,有专门的专家小组进行评估
   D. 学校重视对属下不同组织机构之间的协调工作

9. 拈连是一种修辞手法,是指在叙述甲乙两个关联的事物时,把适用于甲事物的词语临时用于乙事物的一种修辞格。它使语言生动形象、寓意深刻、富于表现力,同时又巧妙地连接上下文,完成语义跳跃,具有简洁、明快、使语句连贯的功效。根据上述定义,下列使用了拈连这一修辞手法的是( )。

   A. 赶超,关键是时间,时间就是生命,时间就是速度,时间就是力量
   B. 春风杨柳万千条,六亿神州尽舜尧
   C. 你别看我耳朵聋,可我的心不聋
   D. 花白胡子坐在墙角里吸旱烟

10. 有一个人扔掉了一把他认为无用的椅子,另一个人却把他从垃圾堆中捡了回去,不仅把它修好,而且把它变成家里的一件漂亮的装饰品。所以( )。

   A. 任何东西都有一定的价值
   B. 一件东西的价值很大程度上取决于各人的判断能力
   C. 椅子总是能修好的
   D. 有些人比其他人更聪明
   E. 一件古董产生了

11. 偏见是指根据一定表象或虚假的信息相互做出判断,从而表现

出判断失误或判断本身与判断对象的真实情况不相符合的现象。专家认为，偏见是一种人格障碍。由于偏见是社会生活中的一种独特的态度，因而也包括态度的三个主要成分，即情感、认知、意向。下列不属于偏见的是（　　）。

A. 考场上，王老师看到朱明向同桌看了一眼，便认为他是作弊，但朱明一直都是好学生

B. 有人认为性格暴躁的人更有暴力倾向，但这并未得到任何形式的证明

C. 人们总是觉得穿着奇装异服的人，思维可能也会千奇百怪

D. 专家根据大量调查研究得出，文化程度的高低并不是衡量一个人素质高低的唯一标准

12. 南风法则，也叫作"温暖"法则，它告诉我们：温暖胜于严寒。在管理实践中，南风法则要求管理者要尊重和关心下属，注意解决下属日常生活中的实际困难，使下属真正感受到管理者给予的温暖。这样，下属出于感激就会更加努力积极的工作，维护学校的合法权益。下列不属于南风法则的是（　　）。

A. 张主任对包括王老师在内的下属都很关心，即使王老师在某些问题上提出过很尖锐的意见

B. 李老师经常早退，但由于和直属领导关系不错，一直未被处罚，这引起其他人的不满

C. 某次赵老师家里有人生病住院，领导和同事们都来探望，并主动分担赵老师的工作，让他照顾家人时无后顾之忧

D. 小孙作为新入职教师，虽然经常有错误出现，但直属领导总宽容体谅，积极督促其改正

13. 以下推断正确的一项是（　　）。

A. 从我市目前的路面交通情况看，一般车辆较多的路段都比较拥挤，因此，一般比较拥挤的路段肯定车辆都比较多

B. 因为甲班品学兼优的学生在专业课考试中考试成绩都在 90 分以

上，所以，乙班在专业课考试中考试成绩在 90 分以上的学生肯定都是品学兼优的学生

C. 几年来，某市每年考取清华、北大的学生都在 150 人左右，因此每年清华、北大的新生中都有 150 人左右是某市的学生

D. 冰箱一般对空气的制冷比对食物的制冷费电，因而在冰箱里放少量食物时最省电

14. 考古学是研究如何寻找和获取古代人类社会的实物遗存，以及如何依据这些遗存来研究人类社会历史的一门学科。换句话说，考古学是以科学发掘为基础、通过实物研究历史的学科。

根据上述定义，下列研究属于考古学的是（　　）。

A. 考据流传古书的作者　　B. 鉴定拍卖古画的真伪
C. 估计展览文物的价值　　D. 考证出土农具的年代

# 第三单元　计划执行能力

"凡事预则立，不预则废。"要想成就任何一件事，必须要有明确的目标、认真的准备和周密的安排。没有计划的盲目行动，只能是忙忙碌碌却一事无成。做管理工作同样需要确定目标，制订周密的计划，并保证其有效执行，这样才能达到目标。

计划是管理的一部分，是指以计划作为手段进行的管理活动或管理工作，包括计划的研制、计划的组织和实施、计划的检查监督和总结评比等一系列活动，其目的是解决目标和资源是否匹配的问题。计划管理是有效执行的重要方法之一，只有在做任何事情之前做好充分的计划和准备，才能提高效率、节省时间和精力。因此，不断提高中层干部的计划执行能力，是加强中层干部能力建设、提高中层干部管理水平的必然要求。

学校工作开展过程由"计划、组织、调控、实施"四个主要职能机制组成。从全局讲，校长负责决策及整体计划，中层干部负责组织调控，教职工负责具体实施。从个体职能讲，中层干部既是学校决策的执行者，又是具体落实学校工作任务的部门计划制订者，更是校长决策、部门计划执行过程的管理者和示范者，也是教学过程实施的合作者和激励者。通观学校的发展运筹和工作运转，中层干部是校长决策的参谋、助手，更是学校与师生联系、开展工作的桥梁和纽带，发挥着"上传下达、承上启下、沟通左右、联系前后"的重要作用。因此，计划执行能力是衡量一名中层干部的核心指标，如何提升计划执行能力是每名中层干部都面临的课题。

## 一、计划执行能力的内涵

职业院校中层干部的计划执行能力,主要是指根据目标与任务要求,制订切实可行的行动计划,有效地协调与运用各种资源,确保计划的顺利执行与目标的实现。

计划执行能力包含两个方面:一是计划能力,二是执行能力。

### (一)计划能力

计划是指为实现一定的目标对未来一定时期内的发展和工作做出安排的活动,是一种关于未来的蓝图和一定行动的建议、说明和框架。切实可行的计划应当满足以下几方面基本要求:清晰的目标、明确的方法与步骤、必要的资源、可能出现的问题与成功的关键。

目标是计划的基础,没有目标就会缺乏方向,对一个不重视计划、缺少整体规划的组织而言,所有的行为都将混乱不堪,所有混乱不堪的事情都难有绩效。计划是行动的先导,完整的计划来自对组织目标任务的认同和明确,也来自对自身职能的思考和理解,更来自自身精湛的职业技能与素养。计划能力是一个管理者的基本能力,没有计划根本无从管理。一个管理者要是连计划都不会做,又凭什么带领团队去开展行动而达成组织的目标呢?可以说,一个人制订计划能力的强弱,其实就是职业能力和职业素养高低的标志。

在管理实践中,因为层级、职能和分工的不一致,高层管理人员关注的是组织的长期计划,即战略规划,中层管理人员关注的是实施计划,也就是具体的项目计划,基层人员关注的是具体的行动计划。

执行是把计划变成绩效的唯一手段。计划工作是一切工作的基础,计划好坏决定管理好坏,计划水平高低反映管理水平高低,计划完成程度就是执行力的直接反映。计划是工作成功的一半,领导布置任务,不会安排详细的方案,什么都安排好,就不需要中层干部了。中层干部需要对计划做细化工作,制订具体实施步骤和安排事项。实施计划管理,主要有以下方法。

1. 制订计划。管理混乱的根源是权责不明，效率低下的原因是计划不清或没有计划。要解决效率低下的问题，就得从制订计划着手。制订计划是计划管理的龙头。制订计划的五个要诀：任务名称准确、目标清晰可数、工作责任到人、完成时间到天、措施具体得力。

2. 计划分解。中层干部制订的计划一定要分解到人、到具体时间。年度计划分解到月、到周，月计划、周计划分解到天。每位成员按计划完成任务就能确保任务目标达成。计划分解是确保目标达成的不二法门。

3. 计划反馈。下达计划就是布置任务，必须让下属明白：任务是什么、目的是什么、时间有多少、方法是什么、结果要什么。下属明确任务并做出完成承诺，计划才算下达。作为下属接受任务要反馈，工作遇到阻力要反馈，工作完成也要反馈。反馈可以帮助上级确认下属是否明确任务，了解下属需要的帮助，确认工作完成的进度，进而调整或计划下一步工作，从而牢牢掌握工作主动权。

4. 计划执行。确保计划落地，主管和下属必须做好以下几点：下属按计划推进工作；主管按关键节点检查；下属发现问题及时上报；主管发现偏差立即纠正；出现特殊情况调整计划；及时总结工作经验或教训。

5. 计划检查。通过检查或抽查可以了解计划进展、任务进度、质量好坏、下属士气和工作状态；通过检查或抽查可以检验决策是否正确、计划是否周详、目标能否达成；通过检查或抽查可以评价下属工作成果。因此，检查、抽查切忌走形式、看表面、听汇报，必须充分准备，对照计划、标准、制度，看行为、查数据、盯死角，能够透过现象看本质，把握计划运行的真实状况，了解下属的真实想法，解决下属的实际困难，以确保计划完成。

6. 计划执行奖惩。实践表明，管理必须奖惩并举，而且奖惩有度，让组织始终充满正能量。奖惩标准可以根据学校规章制度、岗位工作标准、各类工作计划制订。标准要事先确定，定了就要严格执行。

7. 计划完成总结。总结通常分为年度总结、项目总结、阶段总结、月度总结、周小结、日小结。总结通常包括四个部分：成绩、不足、原因分析、改进措施或建议。成功缘于计划，成长缘于总结。良好的计划只是开端，持续总结才能不断进步。

8. 工作改善提高。管理持续改善是组织成长进步的途径。中层干部为改善管理应做到：经常思考有没有更好的资源、有没有更好的方法、有没有更好的人才；要求下属围绕改善管理做小结、总结；出现质量问题要开分析会，查找原因，制订措施；建立各种会议制度，通过汇报工作、交流信息、布置任务等方法改善管理。管理始于计划，终于改善，这应该成为中层干部人人知晓、个个明白的基本常识。

### （二）执行能力

执行能力也称执行力，是在既定目标的前提下，对内外部可利用的资源进行综合协调，制订切实可行的战略，并通过有效的执行措施最终实现组织目标、达成组织愿景的一种力量。执行力既反映了组织的整体素质，也反映了管理者的角色定位。管理者的角色不仅仅是制订策略和下达命令，更重要的是必须具备执行力。执行力的关键在于透过制度、体系、组织文化等规范及引导组织成员的行为。一个高效能的组织一定是一个执行力强的单位。

对于学校而言，执行力就是将长期发展目标一步步落到实处的能力；是把办学理念、发展规划、学校计划、学校决策转化成学校发展壮大、教师专业成长、学生理想放飞的关键。

一个明智的中层干部，要只做今天该做的事，做个聪明的执行者；要认识到任何事情都有更佳的解决之道，做个反向思维的执行者；不去超越不该超越的，做个适时的执行者；坚持快速、高效、适时、完整的执行，把好事办得更好，把实事办得更实。

执行力是领导力的体现。中层干部不仅要有带领下属完成教育教学计划的能力，还要掌握一定的方式方法来提高下属的执行能力，最终提高全体教职员工的执行力。如果中层干部领导无方、计划无序，教职工没有做事标准，没有清晰的职责界定，就很难发挥主观能动性，就很难说中层干部有好的执行力。

中层干部的执行力，大体上包括以下内容。

1. 理解领会领导层的决策意图。与领导层确认自己对有关指示和安排的理解，对领导的指示和安排进行有效的分解和细化，形成工作思路和步骤。

2. 优化各项计划。严重影响任务完成效率的主观因素往往是计划不合理或随意变更计划。制订计划首先要从实际出发，不能凭借主观想象。要把所分解的工作安排给合适的员工，并制订具体的工作计划和检查计划。制订计划要严谨细致，不要把明知不能完成的目标纳入计划。计划一旦确定，个人不能随意改变。要与员工保持持续不断的沟通，并与员工共同努力，把每项工作措施落实到位。合理的计划、严谨的组织协调是提高工作效率的有效手段。养成按计划执行的习惯，效率就有保证。

3. 训练员工操作技能。员工具备熟练的技能是提高工作效率的基础。如果没有做好员工的培训，就很难提升他们的业务能力与水平。另外，优秀员工在工作中"熟能生巧"，也会总结出好经验、好方法，中层干部要帮助优秀员工总结提炼，推广优秀成果或者让优秀员工培养其他同事，这也是提高执行力的有效手段。

4. 强化员工团队协作。现代社会强调分工协作、团队配合。传统思维如"条块分割""各自为政"严重制约团队发展、削弱团队力量、影响效率提升、阻碍计划完成。因此，中层干部要注意检查各阶段、各职位、各环节配合情况，协调工作进度，表扬优秀，批评落后，鼓舞士气，凝聚团队。

5. 鼓励员工参与管理。"合理化建议"是员工参与管理的最佳实践。学校工作没有教职工的参与，任何现场教育教学问题的解决都无法做到快速反应，也很难得到圆满解决。中层干部要鼓励合理化建议，让教职工参与管理。执行力高低在很大程度上就是问题解决得快慢。计划按期完成，目标提前达成，业绩超过预期，离开了教育教学过程中种种突发问题的快速解决，这一切都是空话。

6. 优化激励机制。学校在制度设计上必须鼓励教职工按时按质完成任务，用业绩说话，奖优罚劣。要有人力资源优化意识，把每位员工安排在最适当的位置、承担最恰当的任务，最大限度地激发潜能；要善于运用奖惩制度进行有效管理，将必要的物质奖励与精神奖励相结合，激发员工的工作热情；作为中层干部还要重视检查督导，要善于与教职工一起总结工作成果，向领导层汇报工作成果，对下属在工作中表现出来的优秀特质进行鼓励，肯定他们的成绩。在检查、激励、反馈的过程中，逐步完成工作任务，取得预期效果。

7. 培育健康的组织文化。有研究表明快乐能提高生产力，快乐来自何处？来自优良的组织文化，来自全体成员的共同努力。积极向上的团队无疑是快乐最大的源泉。组织的价值主张、行事习惯，包括制度、流程等都是组织文化的应有内涵。

优秀的中层干部往往具有较好的执行力，能够完成甚至提前完成预定的目标，布置的工作不必领导反复叮嘱，不必派人跟进，到时间就能主动复命、报告工作完成情况。

## 二、计划执行能力的标准

在教育教学管理中，中层干部的计划执行能力有不同的行为表现，低效的行为表现主要有：不善于为实现具体的目标而制订详尽的行动计划；不能获得和预备好实现目标所需要的各种资源和支持；缺乏对部门工作进程的有效监控，以至于工作出现差错；不能统筹安排各项相互联系的工作，以至于影响工作效率的提高；不能及时准确预计将明显影响工作进程的问题；习惯将工作拖到最后，以至于给自己或团队带来不必要的压力；经常需要他人的督促才能按时完成任务；使用过多的、超出预算的资源来完成任务。

计划执行能力高效的行为表现主要有：能将总体目标转化为具体的、可衡量的、能实现的目标，并制订有效的实施计划、行动步骤和时间表；有效地管理时间与资源，确保以恰当的方式在规定时间完成任务；系统地监控和评价整个团队的工作进程与行动结果；能分析工作中的轻重缓急，确保紧急且重要的工作最先完成；善于协调与其他部门间的关系，以获得及时有效的工作支持；预见到实施计划时可能出现的各种紧急情况并事先准备好应急预案；在遇到困难和障碍时，能及时调整行动步骤或方案，确保任务的有效完成。

基于以上对计划执行能力低效与高效行为表现的描述，我们提出了以下职业院校中层干部计划执行能力的标准要求。

## （一）善于将宽泛的目标转化为具体的目标、标准以及行动计划

目标的管理分为几个层次：自己知道目标、自己知道目标的实现路径、让别人知道目标和路径、知道相关的其他人的目标和路径、让其他人知道你知道各相关人员的目标和路径。中层干部一定要思考本部门的目标是什么，并用清晰的语言让所有人都知道，不仅要理解自己负责的事情的目标，还要理解相关部门的目标是什么。

将目标转化、分解为任务的五个步骤。

1. 范围确定。进行范围确认是管理过程中一项非常重要的工作。制订和执行工作计划时，第一项工作一般是：确认完成任务的时间范围，识别完成任务需要匹配的资源，确定完成任务需要正式接受的标准和要素，确定完成任务的组织步骤。

在范围确定时，最容易出现因为忙碌就不对任务做清晰的确定等情况，因此很容易出现疲于奔命却无法提高执行质量的现象。

2. 目标分解。定下任务，下一步就是把任务拆分为更具体的结果。理想的任务分解是每个结果都可以被量化，对于一些管理活动，用量化指标有困难时，可以设计为结果（可验证），只要结果可以被验证或追责，这种分解就是可行的。大体上一个大目标可以分为三个小目标，每

个小目标也可以再细分为三个子目标。再细就不合适了。如果可列的小目标很多，那说明这个目标太大。

世上无不可拆分的任务。如果发现事情弄不清楚，不妨先画个思维导图，开始乱一点都没关系，花上半天时间去梳理，把小的聚类，大的分解，最终就可以形成一个可合理分拆的任务。

锻炼自己任务分解能力的一种工具还有"看板"。"看板"是一种类似通知单的卡片，上面有主要任务名称、数量、完成时间、运用方法、使用工具等方面的信息、指令。看板管理来自工业企业，是工序管理中以卡片为凭证，定时定点交货的管理制度。移植看板管理内核，可以把任务逐步拆解为以周，甚至以天为单位的任务，在执行过程中，发现拆解不合理即作调整。在逐级的细分中，可以找到事情内部的逻辑和优先级。

3. 优先级确定。每项任务总会连带很多杂七杂八不得不做的事情，其中有些事情比较孤立，甚至不在核心目标里。在列目标的时候，要确定哪些是核心目标，哪些是一般目标。作为中层干部，必须站在全局的视角、长期的执行尺度上理解事情的优先级，有意识地对某些重要但不紧急的事情加以推进，因为这些看起来不急于完成的工作，却是保障学校执行力的关键一环。

4. 可执行化任务分解。看板是可以调整的，用看板来做可执行任务的调度，把一个大的任务拆分为小任务，每阶段每个人的工作均在看板上产生相应变化。这种分解的粒度，可以让每个人每天都有进步、受到激励，这也是整个团队顺畅沟通的好方法。

5. 进入跟踪系统。即使有了好的任务分解，如果不能有效跟踪，也无法有效执行。看板是可视化的任务跟踪系统，可以检查任务的执行情况，标明发现的问题。

（二）调动为完成目标所必需的各种资源（包括人员、经费以及设备等）

中层干部要学会利用方方面面的资源为工作服务。通过及时有效地分配和调动资源，高效完成工作目标。

与实现目标有关的各种资源包括人、财、物、时间、信息等。其中人是最能动的资源，也是最重要、最活跃的因素。中层干部管理首要的问题是做人的工作，因此应合理配置人力资源，灵活运用激励机制，充分调动部门成员的积极性。首先在管理中尊重教师，尊重教师的人格、尊重教师的工作、尊重教师的合理需要，努力为每位教师提供展示才华的舞台。

激励作为一项管理职能，是管理者遵循人的成长规律，通过设计和运用多种有效的方法和手段来激发、引导、保持和规划组织成员的行为，目的是最大限度地激发成员积极性、主动性。教师是一所学校不断发展和成长的活力源泉，只有把这种具有巨大能动性的资源管理好，才能高效地完成组织目标。

中层干部在管理过程中，应注意用好管理对象中的三类人：一是能力较强的人。把这些人放到重要岗位，发挥他们在工作中的榜样作用，鼓励他们敢于超越自我，超越领导，成为一定区域内的佼佼者。二是个性明显的人。这样的人，思考问题有独到之处；眼光尖锐，分析问题深刻透彻，不受束缚；往往自我感觉良好，不容易听进别人的意见。作为中层干部此时要有雅量，尽量避开其短处，把他们放到有利于他们"扬长"的位置，充分发挥每个人的长处，让他们在事业的成长中实现自己的生命价值。三是缺点明显的人，作为中层干部不能轻视、歧视他们，而是努力成为他们的朋友，关心他们的感受，在理解、宽以待人的前提下，适时帮助他们矫正缺点，从而帮助他们找到自己的位置，实现生命的价值。

**（三）授权恰当的人员去完成工作，并在必要时对他们的工作进行协调**

授权是指主管将职权或职责授给某位下属负担，并责令其负责管理性或事务性工作，即主管将用人、用钱、做事、交涉、协调等决策权转移给下属，不仅授予权力，还托付完成该项工作的必要责任。授权是一门管理的艺术，管理的最终目标在于提高绩效。管理者在进行种种决策、运用资源及协调工作上，最重要的是要有授权与目标管理的观念。

职业院校中层干部授权的必要性具体表现在以下几方面。

1. 授权是完成目标责任的基础。权力随着责任者，用权是尽责的需要，权责对应或权责统一才能保证责任者有效地实现目标、完成工作。

2. 授权是调动下属积极性的需要。目标是激发这种动机的诱因，而权力是条件。通过激发人员的动机，有利于工作任务的完成。

3. 授权是提高下属能力的途径。工作责任者必须有一定的自主权。在运用权限自主地决定问题和控制中，将促使责任者对全盘工作进行总体规划，改变单纯靠上级指令行事的局面，有利于责任者能力的发挥和不断提高。

4. 授权是增强应变能力的条件。教育教学管理环境情况多变，这就要求学校管理组织系统有很强的适应性，管理者有较强的应变能力。而实现这一点的重要条件就是各级管理者手中要有自主权。

授权的基本依据是目标责任，要根据责任者承担的目标责任的大小授予其相应的权力。在授权时要遵循以下原则。

一是相近原则。中层干部应向下属直接授权，不要越级授权；应把权力授予最接近做出目标决策和执行的人员，使其在一旦发生问题时，能立即做出反应。

二是授要原则。中层干部授给下属的权力应该是下属在实现目标中最需要的、比较重要的权力，能够解决实质性问题。

三是明责授权。中层干部授权要以责任为前提，授权同时要明确其职责，使下属明确自己的责任范围和权限范围。

四是动态原则。针对下属的不同环境条件、不同目标责任及不同时间，应授予其不同的权力。贯彻动态原则体现了从实际需要出发授权，具体可采取以下形式：单项授权，即只授予决策或处理某一问题的权力，问题解决后，权力即行收回；条件授权，即只在某一特定环境条件下，授予下属某种权力，环境条件改变了，权限也应随之改变；定时授权，即授予下属的某种权力有一定的时间期限，到期权力应该收回。

任何人的能力都是有限的，作为中层干部不能像一般干事那样事事亲力亲为，而要明确自己的职责就是培养下属共同成长，既给自己机会，更为下属的成长创造机会。下属是自己的一面镜子，也是延伸自己智力和能力的载体，只有赋予下属责、权、利，下属才会有做事的责任感和成就感，要清楚部门每个人琢磨事肯定胜过自己一个人琢磨事。成就下属就是成就自己，这样下属得到了激励，自己又可以放开手脚做更重要的事。同时，中层干部要勇于为工作中的失误承担责任，属于自己的责任绝不推给下属。

**（四）监督工作进程并在目标不能完成时做出必要的调整**

监督工作进程也就是控制，确保各项工作的落实。控制的重要性表现为：保证目标实现，通过纠正偏差的行为与计划、组织、领导三个职能紧密地结合在一起，管理过程能够形成一个相对封闭的系统。控制有助于管理人员及时了解组织环境的变化并对环境变化做出迅速反应，为进一步修改完善计划提供依据。

**（五）预见实施过程中的困难，消除各种障碍，确保工作目标顺利完成或者使已偏离方向的工作回到正常轨道**

工作方案的执行，不可能完全走向预设之路，随着已发生变化的情况，准确判断，冷静处理，并将结果及时汇报给领导。判断的正确与否，直接影响处理的结果。因此，常常需要洞察先机，未雨绸缪。判断一件事，要有全局思想，能纵横沟通，厘清因果关系，从而努力提升自己的管理能力。

**三、提高计划执行能力的策略**

**（一）领悟任务、吃透情况，正确分析、判断、把握工作特点和要求**

作为中层干部，做一件事或接受一项任务之前，一定要吃透情况，认真领悟，清楚任务的因果关系和上级的希望要求，正确分析判断工作特点和环境形势，找准问题的症结和工作的切入点，通过制订计划，落实任务分工，预先掌握关键性问题，把握做事的方向、良机，力求实现最大工作成效。在每个具体的工作阶段，都要按照总体思路，结合部门特点，制订可行的措施。处理重大活动、重点工作时还要按照事情的轻重缓急，拿出明确具体的实施方案。制订部门计划时，要保证小部位与大局工作的整体性、一致性、连贯性，多请下属参与，多听同事意见，提高全体人员对部门计划的认可度。

### （二）强化执行意识

相关研究证明，一项工作的完成，20%靠策略，80%靠执行。一个部门往往并不缺乏智慧和谋划能力，最缺乏的是将计划执行到底、到位的能力，即为完成工作任务、实现奋斗目标而应具备的本领和才能。执行意识和执行能力不是与生俱来的，而是在不断学习和实践锻炼中逐渐培育的。执行的主体是中层干部，对中层干部知识水平的要求会因新形势、新任务的需要而提高。中层干部必须强化执行意识，加大学习力度，体现管理工作的原则性、系统性、预见性和创造性。作为中层干部最重要的能力，就是在组织实施中指挥得当、调控有力、激励有方，真正让领导层的决策意图得到不折不扣的贯彻执行。

1. 执行文件不走样。学校工作必须服从上级指令，按照层级管理的原则，上级来文一般由校长批给副校长或直接给中层干部，最后由中层干部去落实。上级文件具有严肃性和强制力，中层干部要在对文件精神、要求全面把握的基础上，结合本校、本部门的实际予以贯彻落实，不能有选择地执行或逃避执行。

2. 执行决定不打折。学校要依靠中层干部贯彻落实上级文件，学校自身事业发展的相关事项也需要中层干部推进、完成。学校领导班子所做决定不论大小，都是集体智慧的结晶，中层干部要坚决执行，没有讨价还价的余地。事实证明，中层干部执行领导的决定、指示不坚决、不彻底，就会成为断线的风筝，偏离预期。只有做到执行决定不打折扣，学校才能形成强大的凝聚力和战斗力。

3. 执行方案不出错。在制订学期工作计划、活动策划方案等执行性文案时，要力求在细致斟酌的基础上突出可操作性。进入实施阶段，要按照方案一步一步、一件一件认真落实到位，把事情办好、办实，不偏离，不走样。

### （三）科学谋划，统筹安排，抓住工作重点难点

管理工作千头万绪，部门工作各有侧重，工作任务分轻重缓急，要善于在纷繁复杂的事务中把握主要矛盾，抓住对大局工作具有带动作用的主要工作着力推进，抓住工作中起关键作用的主要环节全力突破，按照客观规律和科学规律办事，有章有法有序地组织指挥和协调处理事务。做到全面工作有规划，单项工作有计划，整体工作有重点。通过抓重点带一般、抓重点促全局，在重点突破中使各项工作环环相扣，步步紧跟，循序渐进，有序落实。

### （四）要提高协调能力，讲究方法，善于协调解决不同利益关系和问题

任何人的能力都是有限的，中层干部也不例外。落实执行一项工作任务，从接受任务、调查了解、分析判断、制订计划、分解任务、安排部署、监督检查，直至每一项任务落实，是一个复杂细致的过程，中层干部既不能像决策者那样总体把握宏观指挥，也不能像下属那样事事亲力亲为，事实上也不可能兼顾方方面面。所以，中层干部最主要的任务就是协调解决执行中各种不同利益关系和问题，任何一个方面协调不到位都会影响执行计划的完成。提高协调能力，要讲究工作方式方法，凝心聚力，使上级领导成为帮助自己开展工作的有力保障，使同级同事成为支持促进自己开展工作的盟友，使下属成为延伸自己智力和能力的载体，使相关单位成为配合自己完成工作的有生力量。

### (五）实事求是，敢于结合实际认真负责地开展工作

中层干部在执行工作任务时，尤其在带领团队落实工作、执行任务时，要研究如何创造条件干好工作，而不是为任务无法完成找借口、谈困难、抱怨当前环境。同时，要把工作过程当作学习过程、检验工作成效的过程、坚持真理修正错误的过程，不断从工作中发现问题、研究问题、解决问题、修正错误，确保落实工作始终沿着正确的方向良性运转。

### （六）加强学习，提升计划能力水平

学习是提高计划能力的重要途径。中层干部加强学习可从以下方面着手。

1. 在工作中学习提升计划能力。在行动之前进行周密计划，确定目标、时间表，可获得的资源支持以及各项工作的优先次序，同时尽可能多地听取他人意见；使用流程图或者辅助性的软件制订计划，并与他人交流计划；设定整个项目和项目中各项子任务的目标；明确各环节的实施步骤，保障计划的顺利实施；谨慎地进行预算，为意外情况做好准备，定期跟踪费用使用情况；对自己的优势、知识水平和经验进行妥善匹配；估计可能的阻力，并制订针对意外情况的方案，留心并不断跟进最薄弱环节；开发多种方法以便监控任务的执行，邀请他人集思广益，对计划执行进程提出反馈意见；找到善于筹划的人来协助，参照他人以往的行动设计自己的行动，并征求他人的意见；与别人分享观点，并将他们观点中值得借鉴之处融入自己的计划，将制订计划的责任授权给更擅长于此的人，并给他们指明目标。

2. 从其他正在进行的工作中学习。一些非正式的工作任务会帮我们提高技能。由此可以尝试：整合一个新的工作系统，制订一个新的工作流程或者程序；筹划一个非正式的会面或者会议；对一个项目或者课程所涉及的设备、原材料的采购进行管理；给一个正在写建议书申请政府项目基金的团队提供帮助；在一个你不太擅长的领域设计相

关的培训课程。

3. 从他人的经验及不同的反馈中学习。通过观察别人的行动进行学习，客观地研究他们的事例；从行业权威那里获得反馈意见；在与他们的沟通中，对建设性的批评意见保持开放性，并着手处理被他们所重视的重要议题；由自己直接向上级汇报获得反馈意见，使用积极沟通的语调，不要急于反驳、辩解。

4. 从相关课程中学习。选修一门相关课程来梳理和回顾自己的工作技能；鼓励其他人一起来参加进修课程，在这个学习的过程中相互沟通，相互支持。

## 计划执行能力自测题

1. 你如何确保学校的观点、任务和目标能够反映到你和你下属的工作中？

2. 请回忆你筹划过的最复杂的项目和任务，当时你是如何执行的？该项目为何如此复杂？描述整个项目的计划进程，有哪些人来参与实施这个计划，你是如何协调各方的工作的？结果如何？

3. 请回顾近期你所设置的具体的工作目标，请分享其中的几个目标以及重要的细节。

4. 请描述一次具体的情形，能够说明你高效地将工作任务进行分解并与参与者进行沟通的能力。

5. 我们尽力使计划制订得尽善尽美，但有时意外事件还是会干扰我们的计划。请讲述这样一次经历，你为自己和别人拟定了任务的完成次序和时间安排，同时制订了应对潜在阻碍和挑战以及突发情况的计划方案，当时你所预料的潜在阻碍和挑战是什么？你考虑到的突发情况又是什么？这个计划最后实施得如何？

6. 请对照表3-1计划能力分级，评估自己处于什么水平。

7. 以下是一份执行力测试，来测测你的执行力有多强。

表3-1 计划能力分级

| 水平1：初级 | 水平2：中级 | 水平3：高级 | 水平4：专家级 |
|---|---|---|---|
| 评估完成项目与任务所需的时间和所要克服的困难 | 准确地规划完成项目与任务所需的时间和所要克服的困难 | 作为计划的参与者，能从整个组织的角度去组织和策划任务与项目 | 为组织制订战略规划并能协调各方工作去实现这些规划 |
| 设置清晰、现实的任务目标 | 设置要求清晰、时间进程明确的任务目标 | 设置清晰、务实、时间节点明确、衡量标准明了的任务目标 | 设计实施计划以及评价任务成效的方法 |
| 了解开展工作的各个步骤 | 将工作分解为具体的实施步骤 | 预估可能出现的阻力并制订应对临时事件的任务方案，以防完成任务的动力受到影响 | 顺畅地将工作计划传达给执行人员，搭建沟通与互动的组织平台 |
| 对自己和他人的任务按照优选程度进行合理的安排，制订时间表和任务安排 | 设置完成任务的先后顺序和各个时间参数 |  | 预先评估环境和条件的限制对项目的影响，并制订计划应对可能出现的意外情况 |

（1）上级交给你一项工作任务以后，你能否按上级的要求准时完成？（　　）

A. 无法准时完成

B. 有时会准时完成，有时不会

C. 一定会准时完成

（2）你会给自己找各种借口和理由来逃避工作任务吗？（　　）

A. 会，经常性的

B. 会，但次数很少

C. 从来不会

（3）当你为一项工作忙得焦头烂额时，有同事忽然来找你帮忙，你会怎么做呢？（　　）

A. 放下手头的工作，先帮同事的忙

B. 随便找个理由拒绝他

C. 先说清楚原因，然后再拒绝

（4）当你接到一项任务时，你习惯怎么做？（　　）

A. 先放着，等会儿再做

B. 马上着手去做

C. 先弄清楚完成任务的标准和交付的时间，再做计划，按计划去做

（5）当你在超市购物的时候，上级正好打电话过来，要求你马上回单位一趟，你的选择是什么？（　　）

A. 不是上班时间，买完东西再去吧

B. 匆匆结完账，再赶紧回单位

C. 放下要买的东西，迅速赶回单位

（6）中午，上级要你打印一份文件，说下午开会时需要用，你会怎么选择？（　　）

A. 先放着，只要开会之前打印好就行

B. 马上打印，并呈送给上级

C. 先阅读文件，确认没有错误和疏漏后再迅速打印

（7）这一天，你和上级一起去开会，上级让你看一下他的发言稿，你发现发言稿似乎有些小问题，你会怎么做？（　　）

A. 不管，不是自己的事情

B. 和上级说一下，让他自己拿主意

C. 拿笔标出来，并告知上级自己的意见

（8）当上级询问你执行任务的进度时，你一般会怎么回答？（　　）

A. 应该能完成，时间不好说

B. 已经顺利完成三分之二了

C. 完成三分之二了，明天下班前全部完成

（9）身为团队的负责人，当团队成员发生矛盾时，你会怎么做？（　　）

A. 不管不顾

B. 批评团队

C. 找出原因并调节

(10) 身为团队的负责人,在参加单位组织的野外拓展活动时,你发现,每个成员个体发挥得都很出色,但团体训练时却成绩一般,这说明了什么?（　　）

A. 评估的方法不行

B. 团队成员都很优秀

C. 团队合作有大问题

**测试结果如下:**

将所有选项的得分加起来,评分方法为:选 A 得 1 分,选 B 得 2 分,选 C 得 3 分。测试结果分析如下。

得 10~17 分,你的执行力较弱,工作质量也较差,习惯拖延,不到一定的时候不做。你要想获得成功,还需要付出更大的努力,尤其是要养成马上行动的好习惯。

得 18~24 分,你有不错的执行力,但还有很大的提升空间。只要行动上多加注意,多一点细心和耐心,不断加强自己的责任心,你的执行力就能提高很多。

得 25~30 分,你的执行力较强,只要善于利用时机和创造时机,你的事业就一定能达到最理想的境界。

# 第四单元 业务能力

职业院校中层干部的每个任职岗位，都有其本职事务，这些本职事务甚至称得上是专业工作。比如，教务处处长负责教学计划组织、实施、落实、调度，有效进行教学过程、教学质量的管理；学工处处长负责学生思想政治工作和日常管理事务，组织协调各类学生活动；招生就业办主任负责招生宣传、策划、组织，毕业生就业指导与管理；信息中心主任负责校园网络系统和网站管理；党政办主任负责党建、党务、行政管理；总务处主任负责校产管理、财务管理及日常总务后勤管理等。教学管理、学生管理、行政管理、后勤管理、财务管理都是专门学问或工作，也构成了中层干部的业务内容。

中层干部的业务能力，不仅是在个人的业务范围内能够独当一面，还要对管理范围内的其他业务环节上的工作非常熟悉，并能对主管工作统筹运控。

## 一、业务能力的内涵

职业院校中层干部的业务能力，主要是指掌握本岗位工作所需要的知识与技能，并将它运用于工作中。

根据岗位职责的不同，中层干部的业务能力也有不同要求。下面以柳州市第二职业技术学校为例，说明中层干部的各岗位职责与能力要求。

### （一）办公室主任

办公室是学校党委和行政的办事机构，是学校党政工作的综合性管理部门。办公室主任的岗位职责是：组织学校组织机构设计及调整工作；组织设计学校各部门职责和权限分配（包括二级学校分权机制）；组织编制岗位说明书；组织编制教职工手册；组织开展全体教职工政治学习；组织开展行政后勤人员培训工作；策划领导与顾客、相关方沟通的渠道和活动；策划领导与教职工沟通的渠道和活动；组织开展与政府部门、院校沟通协调的管理工作；组织设计学校章程；完成上级交办的其他工作。

办公室主任的综合素质要求是：思想上进，政治素质过硬，作风正派，为人正直，具备良好的职业道德，身体健康，形象好，组织协调策划能力强，沟通交流能力强，具备较强的逻辑思维能力和应变能力，具备较强的文字写作能力，涉外能力强，政策意识强，服务意识强，办事认真细心，责任感较强，具备团队合作能力等。

### （二）组织人事处主任

组织人事处是学校党委领导下的负责组织干部、人事、劳资管理工作的职能部门。组织人事处主任岗位职责是：主持组织人事处日常工作；组织好本处室人员的政治理论和业务学习，不断提高政治素质和业务工作能力；协助上级部门开展学校领导班子年度考核及"一报告两评议"工作；组织校级领导干部个人事项报告管理工作；协助上级部门开展校级领导的选拔工作；组织各类团体认可奖励管理工作；组织各类人才推优、评优管理工作；组织教职工奖罚管理工作；组织学校党组织建设工作，提出基层党组织调整方案；指导各党支部做好换届工作；组织贯彻党政共同负责制，加强基层党组织领导班子自身建设；组织开展党员先进性和经常性教育活动，组织评选先进集体和先进个人；组织开展党员教育和管理，坚持党内生活制度，开展党内民主评议；指导党建带团建、党建带工建以及党建研究工作；组织中层干部及中层后备干部的教育、培养、选拔、考察及考核工作；组织进行教职工政治审查工作；组织进行党员发展工作，对各党支部党员发展工作进行指导、督促、检查,规范党员发展工作的程序,做好接收预备党员和预备党员转正的审核工作;负责党员的组织关系接转、流动党员的管理,做好党费收缴、管理和使用工作;完成上级部门交办的其他工作。

组织人事处主任的能力要求是:具有较强的沟通表达能力、团队建设能力、组织协调能力和很强的文件写作能力,熟悉党务工作,熟悉学校文化建设内涵,涉外能力强,政策意识强,服务意识强。

### (三)纪检监察室主任

纪检监察室是学校党委领导下的负责纪检监察工作的职能部门。纪检监察室主任的岗位职责是:主管纪检监察室的全面工作,完成上级交办的各项任务;根据学校中心工作和上级纪检监察机关工作部署,制订工作计划并组织实施;掌握、督查监察对象贯彻执行国家法律、法规、政策及学校规章制度的情况;围绕学校中心工作,负责对学校党的纪律和行政监察工作开展执纪监察,发现问题,提出加强管理和完善制度的建议;负责组织全校教职工学习相关法律法规及有关文件和规定,对监察对象进行职业纪律和遵纪守法、廉洁自律教育;受理对监察对象违法违纪行为的检举控告及监察对象的申诉,并负责调查处理;及时掌握学校情况,有针对性地开展指导工作,准确把握追责问责重点和方向,坚持失责必问、问责必严;组织业务学习和理论研讨,提高纪检监察干部的综合素质和业务水平。

纪检监察室主任的能力要求是:具有很强的沟通谈判能力和组织协调能力、较强的战略规划能力、较强的政治敏感度,熟悉党纪党规与纪律处分条例,掌握查办案件的方法。

### (四)教务与实训管理处主任

教务与实训管理处是学校行政领导下的负责教务与实训工作的职能部门。教务与实训管理处主任的岗位职责是:主管部门全面工作,完成上级交办的各项任务;主持教务与实训管理处全面工作,制订部门年度工作计划;协助教学主管副校长加强学校师资队伍建设,充分发挥校级名师、专业技能大师、专业带头人、骨干教师的模范带头作用，积极培训新教师；促使其成长；推动品牌专业、课程建设，主持部门教学诊改研究与指导工作；建立有效的学生技能大赛教师培训及激励机制；组织安排教学研讨会，围绕教学诊改目标推进各项工作；主持德促行项目建设；达标项目建设主持工作；协助校长、教学主管副校长完成其他工作。

教务与实训管理处主任的能力要求是：具有丰富的综合性专业管理和教育教学管理经验，具备较高的教育理论素养、很强的沟通能力和组织协调能力。

（五）学生工作处主任

学生工作处是在学校党政领导下负责学生教育与管理工作的职能部门。学生工作处主任的岗位职责是：根据学校发展规划制订学校德育工作计划，并做好组织实施、检查、总结会反馈等工作；对处室人员进行考核、日常管理；负责全校班主任的培训、考核、管理、指导及评优工作；完成上级交办的各项工作任务；组织学生基本素质研究、测评和提升工作；策划实施学生基本素质培养、竞赛指导工作；负责学生综合素质评定审核工作；策划学生系列文化活动；策划各类学生道德建设活动；负责学生思政政策、形势研究和实践管理工作；策划心理健康研究和指导工作；策划开展各种心理健康教育及咨询工作；组织"学生服务中心"建设、运营和管理；负责学生服务中心各项事务的统计、分析、汇报工作。

学生工作处主任的能力要求是：具有较强的沟通表达能力，具有很强的团队建设能力、组织协调能力、文件写作能力，具有较强的学生服务意识和数据分析能力。

（六）团委书记

学校团委是在学校党委领导下负责学生教育与管理工作的职能部门。团委书记岗位职责是：主管团委全面工作，完成上级交办的各项工作任务；开展团组织建设工作；组织团员队伍建设工作；组织团内的推优评优工作；组织"推优育苗"工作；组织开展各类团建专项活动；组织共青团新闻宣传工作；组织校园宣传环境管理督查工作；开展校级学生组织管理工作，学生组织和个人推优评优工作；组织指导学生开展各类志愿服务、社会实践等活动；策划各类校级学生公益活动；策划校级各类体育竞赛活动和文娱比赛活动以及其他学生重大活动。

团委书记的能力要求是：具有很强的沟通表达能力，具有较强的团队建设能力，具有很强的组织协调能力、文件写作能力，具有较强的学生服务意识、数据分析能力。

### （七）招生就业办主任

招生就业办公室是学校党政领导下的负责招生和就业工作的职能部门。招生就业办主任的岗位职责是：策划招生宣传、推广工作；组织招生宣传活动管理工作；组织开展生源地回访工作；组织制订招生计划及申报工作；组织招生质量评估、分析工作，招生数据统计、分析和上报工作；组织招生日常事务处理工作；组织开展就业调研；组织就业市场、渠道开拓工作；组织各类就业数据的收集、分析、上报工作；组织各类就业相关资料制作工作；组织开展毕业生、用人单位跟踪调查；组织开展就业质量宣传工作；组织开展就业日常事务工作；组织开展校友关系维护工作；组织优秀校友开展宣传活动；组织开展校友会服务工作；组织校友开展各类专项活动。

招生就业办主任的能力要求是：具有很强的组织协调能力、文件写作能力，具有较强的院校内外协能力、政府协调能力，具有较强的学校品牌意识。

### （八）财务处主任

财务处是在学校行政领导下负责全校的财务管理、资金使用和国有资产监管工作的职能部门。财务处主任的职责是：组织部门预算编制与上报工作；组织学校内部预算编制与下达工作；组织学校内部预算执行情况分析工作；组织部门决算编制与上报工作；组织财政性预算资金的落实、使用管理工作；组织非财政性资金的筹集、落实、统筹、分配使用管理工作；组织财政国库资金调配工作；组织学校其他资金调配工作；组织科研专项经费管理工作；组织教改专项经费管理工作；组织实训基地专项经费管理工作；组织基建专项经费管理工作；组织学生资助专项经费管理工作；组织其他专项经费管理工作；组织专项资金使用情况统计、分析和反馈工作；组织开展学校财务收支审计工作；组织开展二级部门经济责任审计工作；组织开展基建（修缮）审计工作；组织开展物资（设备）和服务的采购审计工作；组织开展国有资产的管理和使用审计工作；组织开展上级部门和学校领导要求的其他专项审计工作。

财务处主任的能力要求是：具有沟通表达能力，具有较强的团队建设能力、组织协调能力、文件写作能力，掌握丰富的财务专业知识，具有成本、预算及资金管理能力。

### （九）安全保卫处主任

安全保卫处是在学校党政领导下负责校园安全工作的职能部门。安全保卫处主任的岗位职责是：组织学生公寓标准化建设工作；组织学生公寓的统筹调配、计划及管理工作；组织学生公寓服务质量监管工作；组织灾害和应急系统设计与管理工作；组织校园消防安全巡查、整改工作；组织防灾演练工作；组织安全维稳工作；组织实施校园安全稳定等专项活动；组织开展安全文明校园创建工作；组织安全生产履职考核工作；组织开展校园各类重大活动的专项安保服务工作；组织实施校园安保服务质量监管工作；组织开展校园治安综合治理工作；组织突发事件处置工作。

安全保卫处主任的能力要求是：具有较强的团队建设能力，具有很强的组织协调能力，具有较强的学生服务意识和紧急事件应急处理能力。

### （十）后勤与资产管理处主任

后勤与资产管理处是在学校行政领导下负责学校后勤与资产管理工

作的职能部门。后勤与资产管理处主任的岗位职责是：主管部门全面工作，完成上级交办的各项任务；组织校园布局规划工作；组织基建工程建设计划编制工作；组织基建工程项目报建工作；组织委托工程代建项目管理工作；组织自建基建项目管理工作；组织零星基建及维修项目管理工作；组织教职工住宅修缮管理工作；组织校园标识、标志和标牌施工管理工作；组织实施公共设备建设、安装和验收工作；组织政府采购项目审批及过程实施工作；组织和指导非政府采购项目审批和过程实施工作；组织供应商服务质量综合评价和改进工作。

后勤与资产管理处主任的能力要求是：具有较强的团队建设能力、文件写作能力，具有很强的组织协调能力，具有较强的师生服务意识，熟悉采购流程，熟悉资产管理流程。

（十一）宣传策划处主任

宣传策划处是在学校党政领导下负责学校宣传策划工作的职能部门。宣传策划处主任的职责是：组织开展教职工政治理论学习和思想政治专题理论学习工作；组织开展普法宣传教育工作；组织学校各类思想政治理论工作的宣传与监控工作；组织实施意识形态的宣传与监控工作；组织舆情监控与处理工作；组织学校文化建设的规划与统筹工作；负责文化理念系统提炼和编制学校文化手册；策划学校对内、对外文化宣传活动；引导学校领导、教职工、学生践行文化理念；组织文化传播载体的设计与管理工作；组织新闻宣传平台规划与建设工作；负责审核新闻宣传内容和检查发布工作；组织各类新闻宣传策划活动；组织新闻宣传队伍建设、档案管理、新闻素材采集等工作；组织学校整体宣传工作规划与统筹工作；负责学校宣传品的设计制作；组织学校重大活动宣传策划工作和其他品牌建设活动；负责媒体公关和危机公关工作；负责其他公共关系管理活动；组织各类社会公益活动；组织校园网主页整体规划工作；组织校园网二级网页版面策划、模板定制和主体策划等规划和管理工作；组织校园网站管理队伍的建设和管理工作；组织校园网站的信息更新、发布和审查的管理工作；完成上级部门交办的其他工作。

宣传策划处主任的能力要求是：具有较强的沟通表达能力、团队建设能力、组织协调能力，具有很强的文件写作能力，熟悉党务工作，熟悉学校文化建设内涵，涉外能力强，政策意识强，服务意识强。

### （十二）科研处主任

科研处是在学校党政领导下负责学校科研工作的职能部门。科研处主任的岗位职责是：负责本部门的全面管理工作；负责制订本部门年度及学期工作计划并组织实施；组织研究国家、自治区、市教育科研政策、法规与形势，制订学校科研工作发展规划；负责科研项目过程管理工作；负责科研项目成果管理工作；完成上级部门或校级领导交办的其他工作。

科研处主任的能力要求是：具有较强的沟通表达能力、团队建设能力、很强的研究能力、文件写作能力，了解各项科研业务，具有相应的管理知识和能力，具备教研和科研能力。

### （十三）信息中心主任

信息中心是在学校党政领导下负责学校信息工作的职能部门。信息中心主任的岗位职责是：组织开展学校整体信息系统的规划工作；组织开展数据信息管理平台的规划工作；负责、组织及开展信息化建设项目实施工作；组织实施学校硬件规划和配置工作；组织建立、实施信息系统的应急处理机制；组织实施学校网络信息安全管理工作；组织开展信息技术发展趋势的跟踪、研究和应用推广工作；组织开展信息技术指导、技术支持工作。

信息中心主任的能力要求是：具有较强的沟通表达能力、团队建设能力、文件写作能力，具有很强的组织协调能力，具有较强的师生服务意识，熟悉学校信息系统建设，具有丰富的现代教育专业知识。

### （十四）质量办主任

质量办是在学校党政领导下负责学校质量管理工作的职能部门。质量办主任的岗位职责是：主管部门全面工作，完成上级交办的各项任务；组织开展学校内外环境信息的收集、分析和研讨活动；组织制订学校的发展战略方向、战略定位、运作模式和战略目标；组织开展学校战略目标的分解活动；组织评估学校层面及部门层面的工作计划执行情况；组织设计学校层面及各系部、行政部门的年度绩效考核指标；组织开展学校层面及各系部、行政部门绩效考核工作；组织指导各部门绩效改进工作；组织开展各部门绩效改进成果分享活动；组织设计和调整组织机构；组织设计学校各部门职责和权限分配（包括二级管理分权机制）；组织建立学校质量管理体系；策划各部门管理成熟度评估和改进工作；组织学校目标体系建立工作；组织学校标准体系建立工作；组织各部门开展诊断与改进工作；组织开展学校质量文化建设工作；完成上级部门交办的其他工作。

质量办主任的能力要求是：具有很强的沟通能力和组织协调能力，具有较强的战略规划能力，熟悉质量管理体系，掌握常用的绩效考核方法。

## （十五）继续教育处主任

继续教育处是在学校党政领导下负责学校继续教育工作的职能部门。继续教育处主任岗位职责是：组织开展教育服务的顾客需求调查、分析和应用；组织制订非学历教育目标的选择与申报工作方案；组织设计非全日制学历教育服务主流程；组织教学站点的开发和管理工作；组织开展社会服务的顾客需求调查、分析和反馈工作；组织各类社会服务项目方案制订工作；组织社会服务项目服务对象的顾客关系管理工作；组织设计社会服务项目运营主流程；组织开展社会服务项目推广工作；组织社会服务项目的开发和管理工作；组织实施社会服务项目合同管理工作；组织技能鉴定及"1+X"职业技能等级考试项目创新、开发工作；组织技能鉴定及"1+X"职业技能等级考试项目市场开拓工作；组织技能鉴定及"1+X"职业技能等级考试项目合作方案制订工作；

组织学校职业技能鉴定所及"1+X"职业技能等级考试管理工作；组织其他新增鉴定站点及各种项目管理工作；组织特种设备作业项目创新、开发工作；组织特种设备作业项目市场开拓工作；组织特种设备作业项目合作方案制订及实施管理工作；组织特种设备作业项目日常管理工作；组织特种设备作业机构的考务管理工作；组织其他新增特种设备作业项目管理工作。

继续教育处主任的能力要求是：具有很强的沟通表达能力、组织协调能力，具有较强的团队建设能力、外部协调能力、政府协调能力。

**（十六）公共基础部主任**

公共基础部是在学校党政领导下负责学校公共基础课程的教学部门。公共基础部主任的岗位职责是：负责本部的全面管理工作；负责制订本部年度及学期工作计划并组织实施；完成校长或主管副校长交办的其他工作。

公共基础部主任的能力要求是：具有较强的沟通表达能力、团队建设能力，具有很强的组织协调能力、文件写作能力，了解公共基础部各项业务，具有相应的管理知识和能力，具备较强的教研、科研能力。

**（十七）系部主任**

系部是负责教学运行及教学管理，协同职能部门进行学生管理的教学部门。系部主任的岗位职责是：在发展规划与教学管理方面，负责本部门发展规划的制订与执行，组织开展专业、课程与教材建设，组织实训基地建设与管理，组织本部门教学实施、课程安排、科研管理、社会服务，组织本部门的中高职衔接、对口帮扶，组织本部门的教学指导与质量监控等工作；在人事、劳资与党建方面，负责组织机构设计、招聘与异动管理、激励管理、绩效考核，组织开展班主任及班级管理、师资培训管理等工作；在学生服务方面，开展学生组织及活动管理、学生心理健康辅导、身体健康指导、思政道德主题教育，开展安全稳定管理及招生、就业工作；在财务、资产管理方面，开展系部管理和固定资产管理工作。

系部主任的能力要求是：具有较强的沟通表达能力、团队建设能力，具有很强的组织协调能力、文件写作能力，了解公共基础部各项业务，具有相应的管理知识和能力，具备较强的教研、科研能力。

## 二、业务能力的标准

在教育教学管理中，中层干部的业务能力有不同的行为表现，低效的行为表现主要有：不能及时掌握本职工作相关的政策、法律法规；不了解本岗位所涉及的最新知识、前沿动态；不能有效解决本职工作领域中所遇到的常见业务问题；不能有效地向上级领导或其他部门提供专业性意见；经常需要他人提供专业知识与技术的支持。

业务能力高效的行为表现主要有：熟悉岗位所涉及的最新知识、前沿动态；不断提升本专业领域的知识和技能，紧跟最新发展；对本职工作领域出现的专业问题，能提出有效的解决方案；熟悉学校相关业务流程与各相关部门的主要职责；能向同事、上级提供专业的支持与建议。

基于以上对业务能力低效与高效行为表现的描述，我们提出了以下职业院校中层干部业务能力的标准要求。

### （一）能运用业务知识技能解决本职工作中的常见问题

职业院校中层干部按照分工履行职责，胜任工作的表现往往体现在能解决本职工作中的常见问题上。能解决本职工作问题，必须十分熟悉本职工作，如后勤处主任对学校的占地面积、建筑面积、宿舍面积、学生各年级人数、学校食堂容量等，应该熟记于心；教务处主任必须熟悉现有专业情况、教师学历专业、各专业教学标准等；学工处主任要熟悉学生意外事故处理流程、学生问题处理方法、学生违纪管控、学生活动组织等。熟悉本职工作才能使我们快速并有把握地解决工作中出现的问题。

运用业务知识技能解决本职工作中的常见问题有以下五个步骤。

1. 定义问题。如果对问题是什么一无所知，那么就无从着手解决。花时间详细说明问题，并把它写下来，然后进行讨论，这样就能清楚地知道为什么会出现这个问题，以及它对谁产生了影响。

2. 构思。一旦明确了问题，就需要开始考虑每个可能的解决方案。这时我们可以想出尽可能多的解决方案。不要只接受第一个观点，尽可能多地构思，创建的想法越多就越有可能找到更好的解决方案。

3. 决定解决方案。无论如何选择解决方案，都应考虑在实施此解决方案时带来的影响，即是否能有效地解决问题。

4. 实现解决方案。实施解决方案时，要为反馈做好准备，并为此制订计划。

5. 回顾和改进。花时间检查解决问题的情况，审视是否达到了预期的结果，在需要的地方进行更改。

### （二）了解本岗位所涉及的最新知识、前沿动态

我国职业教育正在向"类型教育"转型，在"创新驱动""人工智能""乡村振兴"等国家战略实施的过程中，职业人才培养与新产业、新业态、新模式同频共振是新时代的必然要求。学习最新知识，目的是用新一代信息技术、数字化转型所需要的新知识重构职业教育知识体系，让职业院校培养的技术技能人才具有适合数字经济的知识基础；掌握最新技术，就是通过大数据、云计算、人工智能、物联网等新专业、新课程的开设，让职业教育毕业生掌握5G时代的新技术；了解前沿动态，就要盯紧高质量就业必须具备的数字化技能（数据采集、清洗、挖掘、分析，各种机器人维修、操作，连锁经营数字化管理、供应链管理），更好地承担向社会输出高素质技术技能人才的社会使命。因此，职业院校中层干部必须认识到创新教育理念的重要性，积极了解教育管理的前沿动态，客观地审视本岗位存在的不适应、不匹配问题，不断提升教育教学的理论修养，不断改进工作方法，提升管理能力。

## （三）熟悉学校相关的业务流程

业务流程是为达到特定的价值目标而由不同的人共同完成的一系列活动。活动之间不仅有严格的先后顺序限定，而且活动的内容、方式、责任等也都必须有明确的安排和界定，以使不同活动在不同岗位角色之间进行转手交接成为可能。活动与活动之间在时间和空间上的转移也可以有较大的跨度。学校业务流程就是教育教学过程节点及执行方式有序组成的工作过程。业务流程对于学校管理工作的意义在于，它不仅仅是对学校关键业务的一种描述，更对学校管理的业务运营有着指导意义。

人是业务流程的驱动者，组织中的每个人都会在业务流程中充当一个角色。中层干部熟悉学校相关的业务流程，就是明确自己的职责，明确自己在一个个业务流程中所担当的角色。学校领导层通过构建管理流程体系来体现管理思维和意志，中层干部按照管理流程工作，也就必然要契合学校领导层的意愿，保证高层决策的真正落地。流程体系建设还能够使做事方式得到提炼和固化，使常规业务始终保持较高的质量和效率水平。各项工作有据可依，有工作流程可供遵循，这无疑有利于学校的长期发展。

## （四）熟悉与工作相关的重要法律法规及政策

认真学习教育政策、教育法规，增强执法、守法的自觉性，提高依法办学的自觉性，这是职业院校中层干部法律素质的要求。中层干部熟悉与工作相关的重要法律法规和政策，不仅是实施依法治校的需要，也是履行职责的必然要求。在法治逐步完备的现代社会里，不掌握法律知识，不善于运用法律手段来发展和管理教育事业，就无法很好地适应现代教育发展的需要。中层干部在法律认知方面，权力意识和法治观念应趋向成熟；在法律遵守方面，应进入较为自觉的阶段；在法律运用方面，应具备维权意识和依法管理意识；在管理思维上，应能自觉地运用法律思维去分析与处置学校管理中的各种矛盾与问题，防止凭个人主观意志、感情和习惯来管理学校。

学校管理中常见的法律问题主要有以下几种。

一是侵犯学生权利，包括体罚或变相体罚学生，侮辱或诽谤学生，侵犯学生的人身自由权和人格权；以加强管理为名，没收学生的财物，侵犯学生的财产权；实训、实习等缺乏对学生进行相应的安全教育导致学生受到伤害。以上行为一旦产生较为严重的后果，就有可能成为学校与学生之间的诉讼争议。学校管理范围内的各种设备设施以及教室、宿舍楼、实验楼、围墙等不动产因质量原因或维护不及时，可能对校内外人员造成伤害，从而导致学校承担相应的赔偿责任。

二是学校管理教育不到位导致伤害事故，引发法律争端。如学生在校期间学校缺乏对学生的有效监督、管理和保护；在学校组织的集会、旅游、参观等校外活动期间，学校缺乏对学生的指导、监督、管理和保护；校门管理不严导致校外人员进入，对在校学生造成伤害；学校对学生生病疏于救治导致严重后果等。

三是学校违法违纪行为，如违法招生、发布虚假招生广告、乱收费、乱办班、乱发文凭，虚报受助学生人数、套取国家助学金和免学费补助资金等。

四是学校管理中的其他法律风险，如学校规章制度与法律有冲突；学校食堂可能发生食物中毒事故的风险；实习管理、合同管理等方面的法律风险。

从学校管理中常见的法律问题可知，中层干部的每项业务工作都与法律密切相关，提高法律素质是中层干部做好本职工作的必然要求。

### （五）能从业务上给予下属指导和帮助，能向上级领导或其他部门提供专业性意见

1. 指导和帮助下属。中层干部对下属工作指导的内容非常广泛，涉及工作全过程，涵盖方方面面。作为一个管理者，首先应该及时了解下属的工作状态，观察他们的长处和短处，制订相应的指导方案。

中层干部可以从以下方面指导下属的工作。

一是对工作目标进行指导。要根据学校总体目标，确定部门的工作目标，并分解至各个工作岗位，由下属层层落实，对下属的工作目标进行指导，使上下目标有分有合，浑然一体，确保总目标和分目标都能得以实现。

二是对思想进行指导。要在部门内部树立模范典型，积极宣传他们的模范事迹，用积极向上的思想来引导下属，增强他们奋发向上的内在动力和自觉性，还要及时把最先进的管理经验理念灌输给下属。

三是对学校政策进行指导。要了解学校的发展目标和确定的政策，规范地执行政策以影响下属，还要指导下属从实际出发，创造性地在本部门内把学校的政策落到实处。

四是对工作方法进行指导。中层干部要潜心研究工作方法，并经常教育下属注意学习和总结工作方法的规律性，使其在实践中能够形成有自己特点的一套工作方法。不仅要向下属推广行之有效的科学的工作方法，还要注意下属的不正确或不科学的工作方法，一旦发现要及时纠正，这是非常重要的管理职能。如果控制得及时，很多问题就可以消灭在萌芽状态。另外，对下属实施指导之后一定要跟踪和确认结果，及时予以鼓励、反馈和指导。

2. 向上级领导提意见。中层干部对学校管理另有看法，如何正确地向领导表达？以下做法可供参考：所提意见和想法要有道理，用充分的根据和道理来说服领导；掌握好时间地点，不可在正式场所、人员众多时反驳领导的意见，否则显得对领导不尊重；掌握好分寸，视领导接受程度表达意见，切忌一味地坚持己见；选择温和的词语，尤其是说出一些批评性、建议性的话语时，要把握好说话的分寸和语气。

3. 向其他部门提意见。在不同部门各有不同立场与利益的情况下，正视跨部门沟通难度。提意见前先要做好准备，把一些基本问题想清楚再作表达；要换位思考，试着站在对方的立场思考，将误解的概率降到最低；要立足于共同解决问题，多提选项，保持弹性，例如，一次提出

3~5个方案,让其他部门有更大的选择空间;要尊重他人的权力,注意彼此地位的对等关系,以免造成误会。

### 三、提高业务能力的策略

#### (一) 认真对待工作中的每件事情

要了解岗位工作任务、标准和要求,按照岗位的任务、要求、标准来努力,能帮助我们很快适应、胜任岗位工作。要了解业务工作的考核要求,并学习相关业务流程,既要从细处学习掌握,也要在大处掌握。要有担当,这样才能尽到责任,将工作做好,要研究制订具体措施和办法,制订好路线图、计划书和时间表,也要带领员工狠抓各项重点任务落实工作,以点带面推进全局工作。只有认真和用心才会学到更多的知识,才会对工作有感悟,才会做到熟能生巧,才能让自己的业务能力有所提高。当然,认真对待工作中的每件事情,还要解决心态的问题,也就是对待工作的态度。好的心态可以引导我们正确开展工作,只有具备好的心态才会很自然地接受工作中遇到的问题和困难,才会把问题和困难当成理所当然的事情,心态决定困难程度,心态决定工作质量。因此,要增强工作责任感,一心一意、一丝不苟、任劳任怨、尽职尽责地去做好每项工作。这种严肃认真的工作态度对于任何一个中层干部来讲,都是不可忽视的首要因素。

#### (二) 请教别人

想要把工作做好,就必须做到谦虚谨慎、虚心求教、不耻下问、博采众长。只有广泛听取不同的意见,特别是一些反对意见,认真地去分析产生分歧的原因,找出持反对意见的内在因素,然后再对症下药,这样才能解决实际工作中存在的问题。同时,必须认真总结,逐步提高自己的思想认识水平,这样才能把本职工作做好。三人行必有我师焉,职场中也是如此,要懂得请教别人,从别人那里获得更多的知识和经验,帮助自己提高,帮助自己进步。积极向前任学习,向其了解业务中存在的问题,以及处理问题的方法方式。向具体办事人员学习,详细地掌握具体的业务办理流程。榜样学习法是一种高效方法,我们可以跟着最优秀的人去学习、改进,让自己的业务能力有所提升,也可以通过书籍或网络去学习,跟着最优秀的人不断改进现在的工作方法与流程,总结他人的经验,增长自己的技能。

### (三) 养成良好的工作习惯

良好的工作习惯会让自己的工作效率提高,会让自己的能力得到提升,会帮助自己养成很好的自律和克制能力。要善于从全局出发对部门工作进行总体设计和规划,有思路、有想法、有计划,并且能够按照自己的想法、计划推动工作有效进行,取得良好效果。

### (四) 会读书,会运用

读书可以帮助我们积累更多的知识和技能,将书中的知识和技能运用到实际工作当中会让我们得到更多的锻炼,同时能提高我们的业务能力。面对新形势和新变化带来的机遇和挑战,现有知识积累已渐渐跟不上时代变化和形势发展的需要,加强学习显得尤为重要,需要全面的业务知识、丰富的业务技能,不仅要对相关部门的业务知识加强学习了解,而且要对本行各项业务和本单位以外各类相关知识有比较深刻的掌握。另外,平时也要学习相关的业务文件。

### (五) 多实践,多钻研自己专业内的知识

实践出真知,有时候学生/用人方提出来的难题是帮助我们提高业务能力的最好方式,所以不要担心害怕,要勇敢去实践。在各项工作实践中不断深化认识和理性总结,提高业务能力和水平,更好应对新情况、新问题;要善于在实践中培养和发展自己、磨炼意志、提高本领;更要走在队伍的前列,起好带头作用,以促进工作效率的提高。

### (六) 会思考,会分析,会总结

经常进行思考和总结,不仅可以促进个人业务能力提升、事业发展,

也能为周围的人带来更好的生活与工作价值。相反，如果很少从立体、灵活和全面的角度对现状进行思考，就无从总结，这显然会让人越来越习惯于狭隘的格局，而缺乏必要的发展视角。思考和总结能够促进发散思维的形成。这种思维不是采用固定单一的标准来划分事物或者问题的，而是考虑到任何事情都可能具有的多变性。因此，重视思考和总结，能使人跳出单一平面的局限，而变得更加宽阔，走向更加进取的境界。拥有积极思考和总结的习惯，能够让人的大脑经常积极运转，呈现出扩散状态的思维模式，形成惊人的创造力。例如，利用横向类比、跨界转化和相互对比的方式，使事业决策朝向不同方面进行，从而提高业务能力。

## 业务能力自测题

1. 你所在学校的教学工作（招生就业、学工、科研、系部、行政、后勤等）是如何管理的？（根据你所负责的工作选择其中之一回答）

2. 试分析你所在学校教学管理工作（行政、后勤、招生就业、科研、学工、系部等）中存在的问题。应如何解决这些问题？（根据你所负责的工作选择其中之一回答）

3. 你所担任职务的岗位职责是什么？

4. 你任职的岗位有哪些新知识、新动态？

5. 案例分析：某职业学校教务科廖科长被称为"两头科长"，因为老师们只有在学期初和学期末两头才能看到科长为工作操劳。廖科长对此解释说："教学管理就像一个生产过程，科长关键要抓住入口和出口两头。"因此，开学时廖科长带领全体科员制订工作计划，工作计划做好后，就交由科室干事和教师执行，廖科长就只在学期末检查验收。最近，廖科长又有新想法，觉得计划都可以不要，只需进一步强化检查功能，严把出口关即可。所以，科室干事们平时工作很忙，可廖科长却显得潇洒自在。在全市职业学校教务管理经验交流会上，廖科长还把自己的理论介绍给其他学校的教务科长。

你同意廖科长的理论和做法吗？为什么？

# 第五单元　沟通能力

管理学上有这样一个观点：70%的管理问题是沟通问题。沟通是信息在发送者和接受者之间进行交换的过程。在一所学校中，各种事务的决策、计划、组织、控制、领导和创新能够有条不紊地进行，沟通是必不可少的一环。可以这样认为，学校目标的实现、学校气氛的营造、职权职责的明晰以及学校效能的发挥等几乎都取决于组织的沟通。因此，沟通在管理活动中应占有中心地位。沟通是实现学校管理职能的主要方式、方法、手段和途径，没有沟通，就没有管理，没有沟通，管理只是一种设想和缺乏活力的机械行为。中层干部的日常管理工作离不开沟通，教学管理、学生管理、财务管理、教师管理等，全部借助于管理沟通才得以顺利进行。对中层干部而言，沟通牵涉与上级、下级、同级、学生/用人方及其他有关方面的沟通，沟通能力是一项重要的履职能力。

## 一、沟通能力的内涵

职业院校中层干部的沟通能力主要是指，采取各种沟通方式，准确而清晰地传递关键信息，并赢得各方的承诺与支持，克服可能的沟通障碍。

这里所说的中层干部沟通能力，主要从管理视角来界定，强调的是中层干部管理沟通能力。

### （一）中层干部管理沟通的意义

管理沟通是一种在管理活动中的沟通。这种沟通是管理者在履行管理职责的过程中，为了有效地实现管理职能而进行的一种职务沟通活动。因此，管理沟通不仅与管理有联系，而且其本身就是管理的内容。作为管理活动内容的沟通有别于任何随意的、私人的、无计划的、非规范的沟通。尽管管理沟通也可能是信息、思想、观点、感情、意见等任何内容的交流，但这些交流却与组织目标、任务和要求等密切相关。

管理沟通是管理活动的本质要求，管理过程以持续的、复杂的、大量的沟通活动为基础。任何内容的管理沟通，都是受组织目标引导的、一种有计划的、自觉的、规范性的活动和过程。管理沟通不仅是一种活动，而且是一种制度或体制。组织结构的选择和组织制度、体制的建设模式必须是有利于组织特定管理沟通要求的模式。所以，管理沟通是中层干部的基本职责之一，也是必要的能力要求之一。

中层干部的管理沟通有助于改善决策质量。任何决策都会涉及干什么、怎么干、何时干等问题。每当遇到急需解决的问题时，中层干部就需要从广泛的学校内部的沟通中获取大量的信息情报，然后进行决策，或建议有关人员做出决策，以迅速解决问题。下属人员也可以主动与中层干部沟通，提出自己的建议，供领导者在决策时参考，或经过沟通，取得上级领导的决策授权。总之，学校内部的沟通为各部门和人员决策提供了信息，有助于增强判断能力。

中层干部的管理沟通能促使教职工协调有效地工作。学校内部良好的人际关系更离不开沟通，学校中各个部门和各个职务是相互依存的，依存性越大，对协调的要求越高，而协调只有通过沟通才能实现。没有适当的沟通，中层干部对下属的了解也不会充分，下属就可能对任务分工和工作评价有错误的理解，导致不能正确圆满地完成工作任务。同时，思想上和感情上的沟通可以增进彼此的了解，消除误解、隔阂和猜忌，即使不能达到完全理解，至少也能取得谅解。

中层干部的管理沟通能激励教职工，提高工作效率。沟通有利于中层干部激励下属，建立良好的人际关系和组织氛围。除了技术性和协调性的信息外，教职工还需要鼓励性信息。沟通可以使中层干部更多地了解员工的需要，关心员工的疾苦，在决策中主动考虑员工的要求，提高员工的工作热情。

### （二）中层干部管理沟通的形式与方法

1. 管理沟通的形式

管理沟通大体有以下几种。

一是正式沟通与非正式沟通。从组织系统来看，正式沟通就是通过组织规定的渠道进行信息传递和交流。非正式沟通是在正式沟通以外的渠道进行信息传递或交流。非正式沟通起着补充正式沟通的作用。

二是上行沟通、下行沟通和平行沟通。上行沟通是指下级的意见、信息向上级反映；下行沟通是组织中的上层领导按指挥系统从上而下的沟通，平行沟通是指组织中各平行部门人员之间的信息交流，这包括一个部门的人员与其他部门的上级、下级或同级人员之间的直接沟通。

三是单向沟通和双向沟通。作报告、发指示、作讲演等是单向沟通；交谈、协商、会谈等是双向沟通。如果需要迅速传达信息，单向沟通效果好，但准确性较差；如果需要准确传递信息，双向沟通较好，但速度较慢。

四是口头沟通和书面沟通。口头沟通就是指人们之间的言谈，或通过向别人打听，询问其他人的情况，也可以是委托他人向第三者传达自己的意见等；书面沟通则是运用图、文的表现形式来联络沟通。前者的优点是具有迅速和充分交换意见的潜力，能够当面提出或回答问题；后者使传递的情报作为档案或参考资料保存下来，往往比口头情报更仔细、更正式。

2. 管理沟通的方法

管理沟通的方法主要有以下几种。

一是发布指示。指示是指导下级工作的重要方法，可使一个活动开始着手、更改或制止，具有强制性。如果下级拒绝执行或不恰当地执行指示，而中层干部又不能对此使用制裁办法，那么今后的指示可能会失去作用，其职务权威将难以维持。

二是会议制度。会议是指有组织、有领导、有目的的议事活动。会议一般包括议论、决定、行动三个要素。会议是一种普遍的社会现象，几乎有组织的地方都会有会议。会议的主要功能包括决策、控制、协调和教育等功能。人们通过会议可彼此了解共同的目标，集思广益发现原先未注意到的问题。会议的形式多种多样，如教职工代表大会、工作汇报会、专题讨论会、网络视频会等。

三是个别交谈。个别交谈是指中层干部用正式的或非正式的形式，在组织内或组织外，同下属或同级人员进行个别交谈，征询谈话对象中存在的问题和缺陷，提出自己的看法和意见。这种方法在认识、见解、信心等方面易取得一致，这也是政治思想工作的表现形式之一。

四是建立沟通网络。包括电子邮件、网络电话、网络传真等。

### （三）中层干部的管理沟通能力

沟通是学校管理的一项重要内容，通过加强内部沟通，许多问题和分歧是可以预防的。作为中层干部，只有具备较高的沟通能力和技巧，善于抓住矛盾的焦点，才能化解下属的疑虑和不满情绪；只有敏锐地捕捉矛盾信息，争取消除每个细小的冲突隐患，才能把冲突化解在萌芽状态，营造文明、和谐的环境。

执行学校工作部署的过程，就是中层干部不断沟通的过程，与校领导沟通，与各部门沟通，与教职工沟通，与学生沟通，甚至还要与上级部门、社会各界沟通。沟通是中层干部工作很重要的方面，很多工作不能顺利推行往往是因为沟通不畅。"沟通技巧掌握不够，解决冲突方式不当"是中层干部面临的一大问题。常见情况有，处事方式不够艺术，遇到实际问题没有经过深思熟虑就表明立场，容易激化矛盾和冲突，错失解决问题的良机。因此，作为学校管理者的中层干部，应该具备较强的沟通技能。学校也应重视助力各中层干部打通有效的沟通途径，促进各个层级之间的有效沟通。

中层干部的沟通能力表现在以下几方面。

1. 熟练运用沟通技巧。沟通的目的是圆满达到双方对事情的期望值,所以沟通技巧范畴相当广泛,包括声音的表达、肢体语言的表达、文字的表达、运用辅助器材的表达等等。

2. 能够倾听。倾听是沟通中极为重要的能力,学会倾听,就等于成功了一半。沟通的最高原则是"双赢",但有些人在沟通中往往忽视倾听的重要性,演变成独自发表观点,以至于无法全然了解对方所要表达的真实意见而错失良机。

3. 能够分析整合意见。从杂乱无章、不成体系的对话之中,寻觅脉络分明的大纲,再将不同人所发表的意见归纳整理成各项重点,这种整合力是逻辑思考的能力,能在最短的时间之内,厘清在场人士所说内容,并列出重点。若不具备这种能力,很可能会因为没办法厘清问题的重点而造成沟通不良。

4. 适当妥协及包容。所谓沟通,就是将自己的想法很顺畅地传达给对方,并使对方接受及认可。事实上,在进行沟通时,大家都会提出各种不同的意见或是偏离主题的意见,在各持己见又互不相让的情况下,双方要达成共识,似乎是不太容易的事,可是要任何一方完全退让,也是行不通的。这就必须利用妥协的技巧,以双方最大的原则为基础,达成最大的双赢结果。

5. 能够做结论。沟通到了最后阶段,就是对双方各自表达的意见做出具体结论,完成认可。结论是沟通最重要的工作,无论如何都要将之完成。或许这一场沟通尚未得出明确的结论,但是一定要找一个主题作为下一次沟通的开始,不能留下"无言的结局"。

6. 要有耐力和韧性。要让不同的意见激荡成一种共识,时间长短不一,有时候会在短时间之内达成,有时候会拉长时间,甚至由于有许多反对意见不断加入,迫使沟通的次数愈加频繁,内容的设定也反复更正。因此,遇到需要长时间沟通的对方,就必须具备耐力和韧性,这样才能赢得沟通的优势。

## 二、沟通能力的标准

在教育教学管理中，中层干部的沟通能力有不同的行为表现。低效的行为表现主要有：沟通过程中不愿意听别人讲述，不了解对方的感受，别人没说完就打断；谈话时缺乏自信，缺乏说服力；不能在群体面前有效地陈述，不能打动或吸引人；沟通表达方式单一，会说不会写或会写不会说，拒绝学习使用新的沟通方式和技术；向他人解释说明时遗漏关键要点，讨论时偏离主题；提供逻辑不清、难以理解的或拖沓冗长、缺乏实质内容的文件或报告；不假思索地对他人观点做出评论与批评。

沟通能力高效的行为表现主要有：积极倾听，善于从对方的角度理解沟通的内容，能听出弦外之音；能采取书面、口头或PPT演示方式，针对不同对象准确地表达信息；明确提出观点，并简明扼要、思路清晰、逻辑缜密地组织论据，言语富有感召力；对关键和敏感的信息及时和有策略地与相关人员进行沟通，以避免谣言；能鼓励他人分享有益的观点和想法以及不同意见；面对相反意见时能够灵活变通，以达成共识；善于运用非正式组织渠道进行沟通；能说服关键人物接受自己的观点并提供支持。

基于以上对沟通能力低效与高效行为表现的描述，我们提出了以下职业院校中层干部沟通能力的标准要求。

### （一）善于聆听、理解并确认他人的意思后再发表意见

聆听是打开双方沟通的关键。细心聆听，了解对方所讲的话，实际是鼓励坦诚沟通。在细心聆听之余，再表示关怀、体谅，可使沟通更有成效。专心聆听，关心对方所说的话及内心的感受，可以令对方感到自己的重要性，使对方愿意表达内心的感觉，这对于有效地解决困难会有很大的帮助。倾听不仅是听对方所说的内容，还要注意音调、速度

和音量，体会对方话语下存在的隐藏信息。同时，在恰当时期做出有效的回应也非常重要。锻炼主动倾听的能力，主动聆听是一项简单的技能，会让对方感觉自己的想法被听到了，这是良好沟通的重要组成部分。

聆听让我们了解对方的想法和感受，但我们仍需进一步确认自己是否已经真的明白对方所想要表达的意思，可以用自己的话把对方的意思再表达一遍，为了确认已经正确理解对方，必要时也可以请对方进行补充说明。切忌没有真正理解对方的意思就发表意见，或者为了面子不懂装懂。

（二）高效表达自己的观点，能吸引他人注意，具有说服力

高效表达自己的观点，就是在自己表达观点后对方能够接受，并且最好给出正向的反馈。作为不同的个体，每个人因知识背景与经历的不同，可能具有完全不同的思维方式。因此有效表达自己的观点应注意：你要说的一定是你自己真正相信的，自己都不相信自己说的，如何让别人来相信；关注受众，换位思考，从对方的角度去考虑自己该怎样表达，分析对方的特征，揣测对方对自己将要表达内容的接受程度，由此调整自己的表达方式；重视故事的力量，把你深刻体会到的道理，用讲故事、做类比的方式表达出来，这样不仅能加深对方对观点的理解，更能让对方有带入感，印象深刻；重要的事情说三遍，及时引出你想要表达的相应观点，适时引导对方体会你的观点以获得认可，并且多次重复强调你的观点，只有这样才能让对方加强理解，加深印象，只有突出你要表达的真正重点，才能实现高效表达，增强说服力。

（三）鼓励他人分享观点和想法，尤其是相反意见的公开表达

鼓励对方分享观点时，要怀有真正的好奇心，不要敷衍了事，要充分表现出诚意，尤其是当对方公开表达相反意见时，要有耐心，努力营造安全感。首先询问观点，接着确认感受，可以客观地描述观察到的细节，然后鼓励对方对此进行讨论；然后重复描述，总结对方说话的内容

以表示你确实听进了他说的意见；最后主动引导，提出一些关于对方想法和观点的猜测，以便顺利打开话题。

应该知道，中层干部在管理过程中所做的决策不是从"众口一词"中得来的，好的决策应以互相冲突的意见为基础，从不同的观点和不同的判断中选择。所以说没有不同的意见，就不会有正确的决策。中层干部一定要懂得正确的决策必须建立在各种不同意见充分讨论的基础之上，要鼓励他人分享观点和想法，激发反对意见。这是因为反对意见本身可能是决策所需要的另一方案。决策时只有一种方案，别无其他选择，无论多么深思熟虑，都有失败的风险。另外，反对意见可以激发想象力。中层干部在做决策时总是会遇到不确定性，这时候就需要具有创造性的解决方案来开创新的局面。如果缺乏想象力，就不可能从另一个不同的、全新的角度去观察和理解。想象力在被激发后才能充分发挥出来，否则它只能是一种潜在的、尚未开发的能力。不同的意见，特别是那些经过缜密推断和反复思考的、论据充分的不同意见，更是激发想象力的最为有效的因素。管理有效的中层干部会运用反对意见形成替代方案，以供选择与决策，避免被似是而非的看法所左右。

**（四）面对相反意见时能适当变通，或能够运用非正式组织渠道加强有效沟通**

变通是指换个角度看问题。在管理沟通工作中，中层干部经常会与领导或同级或下属出现意见相反的情况，处理不当会导致不良后果。很多时候，矛盾并不是因为意见相反引起的，而是因为说话的方式不对导致的，如果换一种方式沟通，可能会出现不一样的效果。

面对相反意见时能适当变通，是一种改变沟通方式的做法。中层干部作为下属，当自己的意见明显正确但却与上级意见相反时，虽然勇于提出来是好事，但是也要讲究方式方法。可以先肯定领导说的意见，然后对领导的意见进行适当补充，再从完善领导思路的角度提出不同意见并加以分析，这样不仅尊重了领导的意见，更表达了自己不同的观点。

当自己的意见明显正确但同级或同事表达相反意见时，也需要讲究方式、选择场合进行沟通，不能一味强势地坚持己见。可以换一种沟通方式，既肯定对方意见中可以接纳的部分，又将自己的意见作为补充观点，以充分的理由说服对方，这样不但能保持双方的沟通，更能加强彼此之间的关系。当自己的意见明显正确但下属提出相反意见时，不应该直接斥责，更不可讽刺挖苦，而要用迂回曲折的方式尽量说服下属认同你的观点，采取你的意见，同时也不影响彼此之间的关系。

有时，面对相反意见采用正式组织渠道无法解决时，可以尝试采用非正式组织渠道。非正式组织渠道是正式组织渠道的重要补充，它的沟通形式灵活，直接明了，速度快，省略了许多烦琐的程序，容易及时了解正式沟通难以提供的信息，真实地反映员工的思想、态度和动机，极大地提高信息传递的质量和频率，从而弥补正式组织渠道的不足。当正式组织渠道不畅时，非正式沟通能够发挥作用。当然，非正式沟通也具有难以控制、传递的信息不确切、容易失真、有可能促进小集团小圈子建立等弊端，因此，对学校内部非正式的沟通渠道必须加以合理地利用和引导。

综上，中层干部在管理沟通中，只有懂得变通才能在关键时刻展现自己的能力，才能打消身边的所有质疑和不满，才能在事业道路上走得长远顺畅。

### （五）说服关键人物，以促成解决方案的达成

中层干部在沟通解决问题的方案时，可能会碰到一些影响问题解决的"关键人物"。也就是说，有时候即使是上级领导和具体办事人员同意解决方案，也会由于某一环节的人作梗而搁置下来。负责这一环节的人也就变成了解决问题的"关键人物"。找准了关键人物即找到了影响问题解决的障碍。找到影响问题解决的关键性人物后，重要的是了解其阻碍解决问题的原因，找到沟通的渠道，有针对性地开展说服工作。总之，能够把事情解决的人或者能够帮助解决问题的人就是关键人物。争

取关键人物的帮助，问题解决的可能性将会大大增加。

### 三、提高沟通能力的策略

#### （一）掌握管理沟通的基本原则

1. 公开性原则。公开性原则是指在同一个学校管理沟通过程中，沟通的方式、方法和渠道及沟通的内容必须公开，即应当对参与沟通的个人和团队、部门全面公开。公开性不是指学校的所有信息都要公开，而是指管理沟通的规则、方式、方法、渠道、内容要求必须公开。没有公开的管理沟通规则，正确的沟通行为过程就会失去方向和指引。

2. 简捷性原则。沟通的具体方式、方法设计应尽量简单明了，以便于所有沟通成员掌握和运用。沟通应采用最短沟通渠道或路径来进行，以提高信息传递速度，通过减少渠道环节降低信息损耗或变形的可能性，防止将简单的管理信息人为的复杂化，致使沟通双方无法准确地互相理解。

3. 明确性原则。沟通在公开性的基础上，必须将沟通的各项事宜，如渠道的结构、沟通的时间要求、地点要求、内容要求、频率要求等，进行明确、清晰的告知，要尽量避免含混不清。其目的在于使全体沟通成员准确理解学校所期望的管理沟通要求，明白他们在沟通中所担当的角色，即他们应当履行的沟通职责和义务，从而最大限度地排除沟通成员对沟通要求的模糊和误解，保证管理沟通能够顺畅高效地进行，顺利达到管理沟通的预期目标。

4. 适度性原则。沟通的渠道设置及沟通频率不能太多，也不能太少，而应当根据学校具体业务与管理的需要，适度适当，以能达到管理目的为基准。

5. 针对性原则。所有管理沟通的活动与过程设计，都是为了解决学校管理中的某些具体问题，支持、维护学校教育教学正常高效运行而设置，每项管理沟通活动都有其明确合理的针对性。具体到沟通渠道、方式、内容等的设计，都必须明确是为了完成学校管理中的哪项工作、达到什么目的。

6. 同步性原则。在沟通过程中，沟通双方或多方应当全部进入沟通系统和沟通角色，沟通必须是双向的交流过程，而不应当是单向的或其中一方信息处于封闭或半封闭状态。沟通必须是在沟通主体之间互动的、双方处于平等交流地位的沟通，即双方均应当对沟通具有适当、及时、同步的反应，充分把握对方所传达信息的意义。同步性并不纯粹或主要指沟通在时间上的同步性，而是指管理沟通的双方或多方应该适时进入角色，相互进行信息传送与反馈，强调的是其行为过程的互动性和沟通角色的同步性。

7. 完整性原则。完整性原则是指每个管理沟通行为过程的环节要齐全，尤其是不能缺少必要的反馈过程。要注意杜绝以下情形：没有信息发送者，或信息发送者不明；没有传递的沟通渠道，信息发送者不知道有什么渠道可以向接受者发送信息；接受者不明，信息应该发给谁，没有明确方向；有渠道、有发送者、有接受者，但没有设定具体沟通方式。以上沟通要素的不完整，会使原本设想得很好的沟通受阻。

8. 连续性原则。连续性是学校管理工作本身所具有的客观属性，作为管理的信息化表现，管理沟通自然也具有这一客观属性。学校大多数管理沟通行为过程，尤其是例行日常管理沟通活动，总是要通过反反复复的多次运作才能履行和完成管理沟通的工作职责的。连续性原则要求在进行管理沟通时，注意管理沟通在时间上、模式上、内容上的连续性。

9. 效率性原则。效率性原则是指所有管理沟通过程的要素与环节显现的效率，最后均反映到整个沟通活动上来，构成学校进行管理沟通活动的总体效率。

10. 效益性原则。沟通需要成本，因此要衡量沟通的产出与成本的比例关系。管理沟通有多种多样的方法，这些方法运用要因地制宜、便利高效。

### (二)学会寻找共同点，真诚沟通

共同点是讨论问题、分享想法、寻求解决问题办法的基础，沟通基于双方或各方的共同点越多，越容易成功沟通。一项调查表明，学校内存在的问题有70%是由于沟通不力造成的，而这些问题都可以由沟通得到解决。因此，中层干部无论是与学校领导、同级同事还是与下属员工的沟通，都要学会寻找各方沟通的共同点，做到真诚沟通。

中层干部要敬以向上，成为校长的左膀右臂。作为一名中层干部，要关注学校高层管理者的要求，要做一个上级领导可以信赖的好下属。要充分信赖自己的上级领导，要时刻关注领导的意见。在领导做出决策后，以贯彻执行为天职，按时保质完成领导交付的任务。同时，要多向上级领导请示汇报，以得到更直接、更具指导性的建议。

中层干部要宽以对下，时刻心系下属。学校是一个团队，一个中层干部只有善于营造一种团队协作、平等沟通的文化氛围，才有可能放大集体的智慧，推进学校的整体工作。中层干部首先应将自己定位为"服务人员"，多为下属着想，多为他们创造更好的工作条件和更多的发展机会，即为下属多提供"服务"；要善于平衡教师们的期望，中层干部是连接学校与教师的桥梁，在维护下属利益和感受的同时，还需考虑学校的承受力，只有对学校和教师双向负责，才能得到学校的认可和教师的拥护。

中层干部要诚待同级，合作共赢。每个学校的中层干部都会负责不同部门的工作，虽然分工不同，但最终都是为学校的发展服务的，所以既有竞争又有合作。作为一个中层干部，一定不能忽视这一层面的关系，要真诚地对待自己的同级，把每个同级当成自己的朋友，竞争时要学会公平竞争，合作时要学会团结一致，携手并进，共同为学校的发展努力工作。

### (三)熟练运用沟通技巧，达到有效沟通

1. 呈现自信。具有自信的态度，遇事不斤斤计较，人与人之间由

于认识水平不同，有时会产生误解矛盾，如果我们能有较大的度量，以温和的态度去对待别人，就会使矛盾得到化解。斤斤计较，最终伤害了感情，也影响了人际交往。

2. 体谅他人。设身处地为别人着想，并且体会对方的感受与需要。在管理工作中，如果能够设身处地为对方着想，自然而然地就会表露出对他人的体谅与关心，对方也相对会明了你的立场与好意，因而做出积极且合适的回应。

3. 有效地直接告诉对方。在双方交流的过程中，尽量使用描述性语言，把事情量化，而不是用过多的形容性语言，譬如说"快一点""要认真负责""要努力工作"等等。

4. 善用询问与倾听。适时询问与倾听，可以了解彼此的需求、愿望、意见与感受。倾听别人讲话时不要走神，看着对方以示尊重。一位优秀的沟通好手，绝对善于询问并积极倾听他人的意见与感受。

5. 说话谨慎，用词恰当。对不同的沟通对象、不同性格类型的人，要有针对性地采用不同的方法方式去沟通。但有一点是共通的，就是沟通语言一定要谨慎，一定要选择恰当的词语。如果不确定某一个词语的意思，最好不要用这一词语来和对方沟通。

## （四）严于律己，克服沟通障碍

沟通障碍是人与人之间、团体之间交流意见、传递信息时所存在的困难。主要表现为语言障碍、观念障碍和气质障碍。语言障碍是指因为人们用语言表达思想的能力千差万别，故用语言表达思想、交流信息时，难免出现误差；观念障碍是指因为人们的社会经历不同，信念不同，对事物的态度和观点也必然不同，不可避免在意见沟通中产生观念冲突；气质障碍是指因为人的个性不同、气质不同，交流信息时难免发生困难，如有些人性格内向、害羞，见到陌生人时拘束紧张，无法顺利与他人交谈接触。作为中层干部，提升沟通能力要从自身着手，采取措施消除因个人行为和素质导致的沟通障碍，尤其要注意避开以下误区。

一是"我以为"的错误。以为做了沟通，别人就清楚了，以为没有反馈就是没有意见了。特别是跨部门的沟通，无论是口头还是书面，都要注意双方的理解是否一致。

二是不敢越级沟通，不敢与高层干部直接沟通。高层干部的思维往往是较发散和概要的，与其交谈解决方案等细节问题，估计很难交流，这里也要求中层干部要对问题有很好的抽象归类能力。

三是害怕被拒绝。自己有一些想法建议，要么思考很久才敢提出，要么不敢提出，白白延误了好时机。

四是没有提前计划沟通活动，造成时间延长。

五是欠缺适当的沟通技巧，在沟通中耗费太多时间，或者词不达意使沟通失败。

### （五）注意避免沟通误区

沟通误区是指在较长时间形成的关于沟通的某种错误认识或错误做法。沟通误区对于人们有效沟通是一个极大的障碍。不消除误区的影响，误区效应必然产生。误区效应一经产生便是消极的作用。常见沟通误区有以下五种。

1. 未能聚焦目的。达到特定目标，是沟通的基本出发点，也是判断沟通是否有效的唯一标准。在具体的沟通场景中，很多人会犯以下错误：一是沟通前没有明确目标，都以为彼此之间的沟通是透明的。但实际上聆听对方陈述时，我们总会下意识地带着自己的假设和理解，为对方设定沟通目标。因此，为了避免沟通误解的产生，讲话者在沟通时，一定要首先明确自己的沟通目的。二是沟通中有目标，但没有坚持。很多人在沟通前，虽然有明确的沟通目的，但在沟通过程中，聊着聊着就忘了。为了避免这种情况，我们可以采取一个方法：在随身携带的笔记本右上角，写下本次沟通的目的，这样我们在记录交流重点时，就能时刻提醒自己，也可以将本次沟通目的记在手机备忘录里，在沟通结束前弹出来提醒自己。三是沟通后没有确认对方是否理解。这种情况就是双方都聊得较为愉快，并以为对方都了解了自己的想法，但结果却是对方要么压根就没听进去，要么曲解了自己的本意。因此，每次沟通结束后一定要记得向对方确认，了解其是否明白了自己的意思。如果不是当面沟通的场合，可以发微信或邮件进行确认。

2. 急于自我表达。沟通是"双向流动"，也就是说，信息一定要在双方之间有来有往，而不只是单方面的表达。但很多时候，由于急于表达自己的意思和观点，就容易在沟通时犯两个错误：一是一味挤压别人的表达空间。很多人在和他人沟通时，只顾着自己没完没了地说，使对方要么完全插不上话，要么一开口就被打断。这样的沟通，会让对方感到非常难受。因此，在沟通时，一定要注意停顿，给对方留有反馈的时间。二是不关注对方的反馈，只顾着将自己的意思表达出去，完成信息传递的部分任务。除此之外，我们还要注意观察对方接受信息的反应，以及得到他们的反馈，这样的信息沟通才算是完整的。如果讲话的一方过于关注自我表达，就会没有精力关注另一方的反馈，结果就会导致我们讲了十句，对方只听进去了三句，其中两句还理解错了。与其这样，还不如少讲一些，多留些时间给对方思考和反馈，然后，根据反馈情况随时调整自己表达的内容。

3. 没有形成沟通闭环。沟通时除了给对方留有反馈空间，讲话者自身也要给予对方明确反馈，这就是"沟通闭环"。在"沟通不闭环"的行为中，上级最厌烦的就是事情交给下属后，迟迟得不到反馈。一直没有反馈，上级便不能将此事彻底放下；做完了都不说，让上级继续想着这件事情；认为上级已经从别的渠道得知你已经将事情做好了，因此不再汇报，这几种情况都是沟通的大忌。

4. 信息传递质量低。沟通的目的是"明确理解"，能让对方充分理解你传递的信息，具体来说，包括：观点明确，即传递的信息观点是非常明确的；证据有说服力，即所说的观点配上有说服力的证据，比如客观的统计数据、某个权威人士的背书或是某项研究案例等，这些有助于大家欣然接受。

5. 容易跟着情绪走。在沟通时，如果有不好的情绪积压，一定要注意控制情绪，不要让情绪影响到信息的传递。当然，如果你的情绪是正面积极的，或者跟所传递的信息内容是一致的，那么就可以将这个情绪充分释放出来，这样会强化对方对所传递信息的感知。

## 沟通能力自测题

1. 选择你在沟通时经常做的事。（　　）
A. 召集部门会议及讨论工作问题，讨论一些大家共同感兴趣的问题
B. 鼓励下属积极关心学校事务，为学校管理出谋划策
C. 提倡同事之间的密切、合作与交流
D. 鼓励下属畅谈未来并帮助他们为自己设计未来

2. 你认为自己有以下哪些情况？（　　）
A. 将工作计划分发到每位下属手中
B. 定期与每位下属谈话，讨论其工作进展情况
C. 每年至少召开一次总结会，表扬先进，鞭策后进，同时广泛征求群众意见，让大家畅所欲言
D. 尽量下达书面指示，多与下属直接交流
E. 当学校出现人事、政策和工作流程的重大调整时，及时召集下属开会，解释调整的原因及这些调整对他们今后工作的影响

3. 如果某位与你竞争的同事向你借有关资料，你会（　　）。
A. 立即借给他
B. 同意借给他，但声明此资料无用
C. 告诉他资料遗忘在其他地方
D. 明确表示爱莫能助

4. 如果某位同事在准备下班时，请求你留下来倾听他"倾吐苦水"，而家人正在家等你吃晚饭，这时你会（　　）。
A. 立即同意

B. 劝他等两天再说

C. 以家人生病为理由拒绝他的请求

D. 视与他的私交而决定同意或是拒绝

5. 在一个学校领导级会议上，你正在讲述一个方案，当你讲到关键部分时，一位秘书走进来向一位与会者请示工作，这时你会（　　）。

A. 对大家说："某主任有点急事处理，咱们等他一下再继续讲"

B. 只当作什么都没发生，继续往下讲

C. 停止讲话，面显不悦

D. 示意会议主持人是否继续说下去

6. 在会议中请大家提问时，一位提问者的问题显然表明他漏掉了你讲话中最重要的部分，你会（　　）。

A. 为自己未将这个问题讲清楚而表示歉意

B. 等他把话讲完，再把那部分内容重复一遍，解除他的疑虑

C. 打断他的话，指出这个问题你已经解释过了，不过你乐意重复一遍

D. 不做答复，由其他与会者告诉提问者这个问题已经说过了

7. 小测试，请你就以下问题认真地问问自己。

（1）你真心相信沟通在组织中的重要性吗？

（2）在日常生活中，你会寻求沟通的机会吗？

（3）在公开场合，你能很清晰地表达自己的观点吗？

（4）在会议中，你善于发表自己的观点吗？

（5）你是否经常与朋友保持联系？

（6）在休闲时间，你经常阅读书籍和报纸吗？

（7）你能自行构思，写出一份报告吗？

（8）对于一篇文章，你能很快区分其优劣吗？

（9）在与别人沟通的过程中，你都能清楚地传达想要表达的意思吗？

（10）你觉得你的每一次沟通都是成功的吗？

（11）你觉得自己的沟通能力对工作有很大的帮助吗？

（12）你喜欢与你的同事一起进餐吗？

（13）在一般情况下，经常是你主动与别人沟通还是别人主动与你沟通？

（14）在与别人沟通的过程中，你会处于主导地位吗？

（15）你觉得别人适应你的沟通方式吗？

这是一个非常简单的小测试，回答"是"得1分，回答"否"不得分。得分为10～15分，说明你是一个善于沟通的人；得分为6～9分，说明你协调、沟通能力比较好，但是有待改进；得分为1～5分，说明你的沟通能力有些差，你与团队之间的关系有些障碍。

# 第六单元 合作精神

合作，是人们为了达到某一共同目标而相互配合、相互协作进行的一种活动。合作是学校组织分工的需要、管理效率的需要，也是中层干部成就个人的需要、情感归属的需要，更是成就大事的需要。所以，合作不仅有利于自身，也有利于对方，乐于合作、善于合作是现代人应该具有的一种基本素质。

职业院校的教育管理面临的情景和环境越来越复杂。在很多情景下，中层干部单靠个人本事很难完全处理各种错综复杂的问题，需要通过合作进行必要的行动协调、采取切实高效的行动，依靠合作的力量打开工作新局面。同时，在学校管理过程中，各部门除独立运作外，常常需要与相关部门合作。有效的跨部门合作有助于合理配置组织资源，提高学校整体绩效，对于中层干部来说，不重视跨部门合作，也很难保证顺利完成本部门工作。

## 一、合作精神的内涵

合作精神主要是指，愿意与他人分享知识、信息、资源、责任以及成就，能通过各种方法与别人建立起相互信任的合作关系。

在学校管理中，各部门之间的工作是互相渗透、互相支撑的，工作中有互相交错的地方，就有互相补充的空间。这种交错空间容易形成"部门墙"，即学校内部之间阻碍各部门及员工之间信息传递、工作交流的一种无形的"墙"，导致工作效率低下、推卸责任。其实，学校每个部门都是实现学校目标所不可替代的，每个部门都有特定的职能，而各部门特定的职能或分工只是业务流程的一个环节，各部门之间是平等且互为依存的关系，必须协作才能实现部门价值。由此，客观上对主管各部门的中层干部提出了具有"合作精神"的要求。

（一）合作的意义

合作是大家通过努力实现共同目标，属于解决问题的协作性行为。合作能保证成员共同完成任务目标，而明确的协作意愿和协作方式则产生了真正的内心动力。合作是一种精神，它源于信任，且无处不在。其实，合作不单是一种精神，还是一种生存需要。一个缺乏合作精神的人，不仅很难在事业上有所建树，也很难适应时代发展的需要。

中层干部的合作精神，表现为能够认识到合作的重要性和必要性，认同团队共同目标和价值取向，具有合作动机和意识，愿意沟通和交流，倾听、分享他人的信息，接纳他人的观点，接受他人的批评；具有利他观念和集体主义价值观，能够从大局出发，重视团队整体利益，尊重团队成员，包容他人的观点，愿意通过协商解决合作中出现的相关问题，认可每位员工的贡献，使所有合作伙伴都受益；能够主动承担责任，尽职尽责，遵守承诺，完成任务，具有担当意识，努力为实现团队共同目标做出贡献。

可见，合作精神是大局意识、协作精神和服务精神的集中体现，反映的是个体利益和整体利益的统一，保证学校高效率运转。从学校来说，合作精神是学校文化的一部分，良好的管理可以通过合适的组织形态将每个人安排至合适的岗位，充分发挥集体的潜能。如果没有正确的管理文化，没有良好的从业心态和奉献精神，就不会有合作精神。从个人来说，一个人事业的成败与其人品的好坏息息相关，而人品中的合作精神又非常重要。"与同事真诚合作"是中层干部的重要素质，只有具备良好的合作精神，才能获得更好的职业生涯发展前景。

（二）合作的三要素

1. 目标，即寻找双方共同的目标和利益。同事之间由于都有自己的目标和利益，很容易站在各自的立场上考虑问题，难免会在工作中形成对立和摩擦，很难达到精诚合作的目的。如果我们能够超越自我，站在更高的层次上来看待对方的目标和利益，我们就容易形成统一的认识和行动，从而形成合力，实现更高的目标和追求。

2. 双赢，你要赢，也要让对方赢。没有哪一个人可以依赖自己获得成功，我们所有的目标都需要依靠他人的帮助才能实现。也就是说，我们要想赢，就要懂得如何去寻求更多的支持和帮助。这实际上就是一个互助的原则，只有双方都能够从对方那里得到好处，进一步的合作才能进行下去。

3. 信任，合作建立在相互信任的基础上。我们常常会觉得上下级之间需要信任，实际上，同事之间更需要信任。因为上下级之间有"职级关系"，双方存在相互依赖性，而同事之间没有这样规定性的依存关系，所以信任尤显重要。

（三）合作精神的作用

1. 合作精神能推动团队运作和发展。在合作精神的作用下，成员产生了互相关心、互相帮助的交互行为，显示出关心团队的主人翁责任感，并努力自觉地维护团队的集体荣誉，自觉地以团队的整体声誉为重来约束自己的行为，从而使合作精神成为事业发展的动力。

2. 合作精神培养团队成员之间的亲和力。一个具有合作精神的团队，能使每个成员具有高昂的士气，有利于激发成员工作的主动性，由此而形成集体意识、共同的价值观、高昂的士气、团结友爱的精神，团队成员也才会自愿地将自己的聪明才智贡献给团队，同时也使自己得到更全面的发展。

3. 合作精神有利于提高团队整体效能。通过发扬合作精神，能进一步消除内耗，增进成员的亲和力，增强团队的凝聚力。

（四）跨部门合作主要关系

学校中层干部在管理活动中的合作，主要表现为本部门内的团队合作和跨部门合作。这里我们重点分析跨部门合作。跨部门合作主要有四种关系。

一是服务协同关系，对应的部门前一环节向后一环节提出需求，后一环节向前一环节提供服务。

二是指导协同关系，是指因资源掌握、信息共享程度的不同，导致部门间在某些管理及业务方面的理解和运用程度不同，因而构成指导与被指导的关系。通常表现为具体业务部门需要相关专业部门的指导与支持。如系部专业建设、教学管理需要教务部门指导，在这种关系中，跨部门的合作可以采用有针对性的组织培训；定期进行指导沟通，除了给出建议外，更要注意倾听问题和困惑，给予有针对性的点拨；现场支持与指导；定期会议沟通等。

三是管控协同关系。为达成学校总体目标，保证组织的有序运行，相关职能部门制订一系列制度、标准和规范，对各业务部门提出要求，约束各业务部门遵照执行，由此形成管控协同关系。在这种关系中，跨部门的合作应注意：制订制度流程以前，应充分听取业务部门意见，进行沟通及研讨；发布后要培训宣传，利用学校内部各种载体、媒介充分宣传，保证相关人员知晓；执行中要检查督导，有计划地跟进制度流程的执行情况，对关键环节进行检查监控，根据情况进行奖罚，执法处罚一定要公正；制度流程要有专人维护，一旦环境变化，制度流程不再适用，就要及时更新。

四是情感协同关系。在某些时候、某些特定事项上，一个部门可能需要另一个部门的配合与协作，但两部门从职责上并没有对应的明确要求，由此形成情感协同关系。在这种关系中，跨部门合作应注意把握对方需求，及时伸出援手，投资情感账户。

（五）学校中层干部的合作障碍分析

开展学校工作，通常需要进行跨部门合作。但是各部门中层干部都是平级的，其他部门的员工没有服从的义务，只有是否配合的意愿。跨部门合作的最大难点是合作没有强制性。产生的种种不合作问题的根源表现为组织分工不明确、部门职能有模糊地带、各部门有认识误区等。例如，认为部门价值是由分工和职能划分产生的，自己的部门价值最大，其他部门要服从或礼让；本位主义导致的部门利益竞争。

说到底，跨部门合作主要是跨部门沟通的问题，在没有任何资源可以对其他人进行约束和制约的时候，想要得到对方的配合，就需要采用一些沟通手段。特别是要调整好心态，当别人没有义务配合时，想要使自己的工作顺利进行，就要放低自己的姿态，千万不可以指挥者的身份出现。在寻求别人的配合时，还要考虑到对方是否方便帮忙，这样得到肯定答复的概率才会提高。每个部门都有独立的业务工作，不可能牺牲自己部门的业务优先配合需要帮助的他方。只有先弄清楚对方提供帮助的可能性，才有可能事半功倍。作为中层干部，如果能够在没有强制和权力影响的情况下用自己的影响力把跨部门沟通的事情做好，说明其沟通、管理、协调等能力都已经上了一个台阶。

增强自己跨部门合作的能力，应确立共赢思维，做到知己知彼，善于换位思考，切实履行承诺，能够分享绩效，能够共担责任。另外，要多了解其他部门的业务运作情况，多学习其他部门的业务知识，凡事应站在整体利益的立场考虑问题，对本部门要求要严一些，对其他部门要求要松一些。

### 二、合作精神的标准

在教育教学管理中，中层干部的合作精神有不同的行为表现，低效的行为表现主要有：没有意识到，也不尊重个体差异；总是挑别人的毛病而不承认别人的贡献和优点；不愿或很难与他人建立有益的工作关系；不主动帮助他人分享工作经验或成果；不主动帮助他人解决问题或困难；只关注自身利益，难以建立合作关系或使合作顺利推进；在人与人之间制造障碍；不重视来自他方的批评；拉帮结派，搞小团体利益。

合作精神高效的行为表现主要有：主动、努力地与同事建立良好的工作关系；主动给其他部门或其他团队成员提供支持配合；积极地以合作方式解决矛盾，在观点不一致时能尊重对方，求同存异；能够和不同文化背景、经历与个性特征的人共事；友好地对待他人，真诚地评价和肯定他人的工作；不断扩大关系网，致力于发展和培养重要的工作关系和提高学校的知名度与影响力。

基于以上对合作精神能力低效与高效行为表现的描述，我们提出了以下职业院校中层干部合作精神的标准要求。

### （一）尊重、理解他人的观点并重视所有合作成员的贡献

由于团队由不同的成员组成，每个人都有不同的知识、经验、技能、意见，中层干部应当尊重这种差异，引导他们彼此沟通，互相了解。我们知道，任何人做任何事都认为自己当初是做了正确的选择，每个人都对自己的行为有着自认为合理的解释，一个人在内心深处是不愿意责备自己、不愿意承认自己是错误的，即使知道自己犯了错，也不愿意在公开场合承认，更不愿意别人当面指出。指责和抱怨他人没有用，批评和指责的方式并不能使别人产生改变反而会引起愤恨。所以，要试着了解团队其他成员，试着明白他们为什么会那么做，弄清楚背后的原因，在保持尊重的同时分享他们的想法。如果不分青红皂白地急于批评和指责，就容易给别人造成伤害。因为同一件事情，不同的人可能有完全不同的看法，即使是同一个人对同一件事情，从不同的角度或不同的时间来看，也可能会得出不同的结论。一个人做一件事情，其背后的原因往往是复杂多样的，需要了解和分析才能得到答案。人际关系是相互的，尊重别人，就受到别人尊重；仇视别人，自己也会被仇视。用仇视和指责的方式换来的会是更多的敌意和批评，而用理解和尊重的方式则必定会换来更多的宽容和敬意，因此，要做一个既能够坚持自己的观点，同时也能够认真倾听他人的意见，理解和尊重他人观点的人。

要重视合作成员的贡献，肯定合作成员的贡献是一种能够激励他人的强大动力。首先应该多了解每位成员的情况，协助他人成长，可以分派有挑战性的工作给团队成员，在他们有良好表现时，把赞许写成书面

表扬或致谢邮件，同时抄送给高层管理人员。当团队取得成绩时，要坚持实事求是的原则，客观正确、恰如其分地评价合作成员的贡献。事实上，任何一个团队取得的成绩，都是团队成员共同努力的结果，团队领头人即使思路再清、能力再强，离开了群体的协作，都将一事无成。因此，重视合作成员的贡献，就是要把握好个人政绩与群体政绩的关系，区分好哪些是自己亲自做的，哪些是其他人做的，舍得把功劳如实地"推"给合作成员，对在工作中提出的带有全局性、指导性，对整体工作起到重要作用的发展思路和实施良策等，也都要尽可能地提及合作成员的名字，肯定他们的贡献。这样会大大调动他们在今后工作中的积极性和创造性，能起到有效的激励作用。

## （二）关心他人并愿意帮助同事解决问题和困难

懂得关心自己身边的人，是具有合作精神的表现。每个人在生活中或是工作中都有可能遇到挫折和困难，需要同事给自己鼓励和安慰。因此，中层干部发现自己身边的同事情绪不好或是遇到挫折的时候就要主动去关心他们。当然这样的关心并不是要刨根问底地去问他们到底发生了什么事情，而是要在同事想要倾诉的时候默默地倾听，在他们想要发泄的时候陪着他们一起行动。在同事遇到困难的时候给予陪伴和关心通常能够换来他的真诚相待。

在同事面对困难的时候应该尽可能地帮忙解决，但要注意方法，不能一味地大包大揽，这样做事很容易让对方产生依赖心理。最好的方法是让对方先去做，如果对方做错了，可以告诉其正确的方法让其再去尝试一下。如果对方做对了，可以告诉其更好的方法。只有这样才能够从根源上让同事更快地成长和提高个人能力。

## （三）主动与他人分享工作进展或成果

在中层干部的工作中，信息资源的交流变得日益重要，人们渴望迅速获得需要的信息。这些信息包括各种知识、资讯、材料，也包括工作经验，乃至工作进展或成果。一些中层干部将自己的工作进展或成果秘不示人，唯恐其他同事超过自己；或者不愿意互相交流有价值的工作信息，怕同事参与竞争；或者不愿意与同事交流技术细节，怕自己失去技术优势。实际上，信息交流多是双向的，你对他人信息开放，也能赢得他人对你的信息开放。当自己的信息对他人开放后，有可能损害自己的竞争力，但是信息秘不示人，你将难以从别人那里获得你需要的信息。

如何与他人分享工作进展或成果？面对构成竞争关系的同事，提高竞争力的关键是提升自己的能力和水平，而不是抑制周边同事的水平。与同事共享信息、共同讨论和学习，最后的结果是双赢。所以在工作进展方面应该做到信息完全开放，这有利于拓宽工作信息渠道、交流经验、避免工作"撞车"。分享工作成果较复杂，适当的成果封闭，特别是独有成果的保密，能有效地保证自己在组织中的利益，但关键是做得"适度"。许多人过分强调成果保密而影响了交流和协作。一般而言，只要不是独有的技术秘密，同事间都应该做到共享。有研究表明，同事的帮助至少能节省你40%的精力。你帮别人一把，下次别人也可能帮你一把。

人与人的交往是以诚信为基础的，要勇于相信别人，不因为害怕别人掌握自己的信息，而将自己的视野封住，更不能因此远离同事。当我们适时地贡献出自己拥有的信息时，我们不仅因此得到了新的信息资源，同时也与对方建立起了良好的关系，这无疑将会使我们的学习、工作左右逢源、事半功倍。

### （四）以合作态度处理人与人之间的矛盾，并将整体利益置于个人利益之上

同事之间既存在一种相互合作的关系，又有一丝相互竞争的味道。人与人之间发生各种矛盾是必然的，只有拥有一颗宽容大度的心，才会化解矛盾，缓和关系。

1. 学会控制情绪。事实上，大多数矛盾通常发生在工作交接的时候，双方的理解能力不同，对彼此的管理范围不熟悉，因此，大家都想

争出个所以然来，说话的语气越来越大，情绪越来越激动，矛盾由此加深。当矛盾出现以后，学会控制情绪是避免冲突的第一步，千万不要因为对方态度不好自己也做出过激的反应。

2. 学会沟通技巧。常见的沟通不畅有：面对一开始就把问题摆出来的人，你会觉得他逃避责任而心生抱怨；想说服别人同意自己的看法，但因为话讲得太多反而达不到效果；不同意对方的观点急着打断对方的话，结果导致对方逃避与自己沟通。所以，敞开心扉、诚心诚意地倾听，鼓励对方把自己的想法完整地表达出来，以达到沟通顺畅、淡化矛盾的目的。另外，处理同事之间的矛盾，要因人而异，针对不同的人采用不同的方式方法。

3. 学会尊重他人的工作能力。一个人立足在他的岗位，必定有其立足的道理。作为同事，你必须首先信任别人，不要怀疑对方的能力。当你信任对方、尊重对方时，对方自然会感觉到。只要有一个谅解的心，知道大家都不容易，多交流和沟通，就能很快地把同事之间的矛盾解决，而且还能建立友谊。同时，工作中做好自己的事情，少说闲话，可以避免很多不必要的矛盾。

4. 不要牵扯他人。当一些人与同事发生争执时，会莫名其妙地牵扯一些不相干的人来增援。两个人之间的矛盾上升到了两个部门之间的矛盾，这不仅影响了部门的声誉，也给学校带来了不好的影响。个体之间的冲突应该在个体之间解决。参与的人越多，就越反映出自己的无能。如果是自己的错，学会勇于承认错误，这是一个成熟的中层干部应该具备的素质，百般推卸责任只会激化矛盾。

**（五）跨越各种组织边界，不断致力于发展和培养重要的工作关系**

合作关系的产生源于合作增益，人们对合作增益的追求是合作关系得以产生的根本动力，合作关系的丰富和发展将促进学校教育教学及管理的丰富与发展，也会促进个人职业生涯的丰富与发展。

就职业教育来说，校企合作关系是一项十分重要的工作关系。职业院校应站在为企业创造价值的立场上，尽可能利用自身优势主动为企业服务。学校可以为企业提供认知性技能的培训；可以尝试开辟企业信息宣传栏，为企业新产品、新技术、文化主题沙龙、员工体育竞赛等提供专用场地；可以安排相关专业的学生通过社会实践为企业的新产品、新技术提供营销宣传与策划；可以在对外宣传与成果展示过程中，邀请企业共同出席，展示校企合作成功经验。企业通过学校提供的诸多服务，提高员工的理论知识水平，为企业的持续生存和发展注入新的活力，使自己的生产经营优势、新产品、新技术得以迅速传播，扩大自身社会影响力；教师通过到企业兼职，主动为企业服务，及时了解行业发展最新动态及劳动力市场需求现状，为学校人才培养方案的制订、开发新专业、调整教学目标等提供准确的第一手资料，实现教学与实际运用的无缝对接。

发展和培养校企合作关系，不仅是职业教育的本质要求，是学校人才培养的重要途径，也是中层干部的一项重要工作，更是培育合作精神的体现。

### 三、树立合作精神的策略

#### （一）树立合作意识，做一个善于合作的人

合作意识是指个体对共同行动及其行为规则的认知与情感，是合作行为产生的一个基本前提和重要基础。善于合作，不仅能从工作中找到乐趣，而且能从生活中找到乐趣。我们所处的时代是一个充满竞争和挑战的时代，在竞争中制胜的重要法宝就是合作，学会合作才能进步、发展和壮大。"合作"二字怎样强调都不过分。

与人合作，要与人为善。与人为善是中华民族的传统美德，是为人处世的重要准则。在一个集体中，大家相互理解、相互尊重、相互支持，这个集体就有凝聚力。凝聚力越强，竞争力和战斗力也就越强。大家走到一起，成为同事，共同工作，这是一种难得的缘分，应当珍惜。

与人合作，要以人为师。孔子说："三人行，必有我师焉。择其善者而从之，其不善者而改之。"事实上，每个人身上都有闪光点，值得他人学习。谦虚的人善于发现别人的长处，自满的人往往只看到自己的长处，看不到别人的长处。"梅须逊雪三分白，雪却输梅一段香。"我们应当随时注意学习他人的长处，随时以他人的缺点引以为戒。

与人合作，要有识人之术。要有善于理解他人观点的能力，能够理解和欣赏他人的观点及需求，能与不同文化背景的人进行开放、得体和有效的互动；要有良好的沟通交流的技巧，能够通过倾听、讨论、争辩、表达、论证等多种形式进行有效的沟通和协商；有人在的地方就难以避免冲突，进行冲突管理，一方面需要有规则，另一方面需要在小冲突面前学会让步。

与人合作，要有容人之量。海纳百川，有容乃大。这里的"容"是指宽容、包容，这是容人之量，是一种气度。在一个团队里面，我们一定要能容人、容言、容事。容人，要做到无论地位尊卑、年龄大小，都应平等待之、礼貌待之、以诚待之；容言，要虚心听取意见和建议，古人讲"兼听则明，偏信则暗"，要听得进不同意见，包括一些带刺扎耳的意见；容事，要认认真真、踏踏实实、勤勤恳恳地做好每一件事，不因其易而轻视，不因其苦而放弃，不因其难而退缩。

### （二）学会合作，获得同事的配合与支持

1. 学会换位思考。在学校里，中层干部分别负责行政管理、招生就业、教学管理、学生管理、后勤管理、实训管理等工作，由于岗位不同，所处的立场自然不同，因此对于同一件事情的看法就会有所出入。为了避免产生不必要的矛盾，中层干部必须做到换位思考，想他人之所想。

2. 尊重同事，真诚助人。学校的中层干部都处于平行的位置，谁都不能强迫别人同意自己的见解，能否得到对方的配合和支持，很大程度上取决于自己在对方心目中的位置以及好感。只有得到对方的信任和

好感，才能够得到义无反顾的帮助。一般而言，好感来源于两个方面：一是生活中尊重对方，给对方面子，关心、夸奖对方等，这些都可以增加彼此情感值，得到对方配合的概率就会增大。如果平常不注意细节，不注意积累双方的好感度，往往就不会得到预期的效果。二是工作中乐于助人。在工作中，当对方需要帮忙的时候，要尽量伸出援手，学校是各个部门的联合运作，只有在别人需要帮助时伸出援助之手，才会在需要帮助时得到别人的帮助，形成良好的合作关系。如果实在不方便，也要使用委婉的措词，让对方感受到不能帮忙的真实原因，同时给予合理化建议，这也能给对方留下很好的印象。在日常工作当中，当处理与其他部门发生的矛盾时，一定要给足对方面子，这样才能为今后获得对方配合支持奠定基础。

3. 高调做事，低调做人。做事情的时候往前冲，争取做得比别人好，当谈到工作能力、工作业绩时，就要谦虚、内敛。经常和其他部门的主管沟通、合作，获得更多的支持者。对于中层干部而言，往往会遇到一些利益上的纷争。此时最好的办法就是"退一步海阔天空"。为了一点小利益就使同事关系紧张和过多地争名夺利，都会给自己的职业生涯发展带来阻力。

### （三）采用合适方法，管理不合作的下属

中层干部在管理过程中或许会碰到下属越级汇报、越级管理等情况，如果每次都帮不服管的下属把问题扛下来，问题就会像滚雪球一样越滚越大。因此，应该去了解、分析其不合作的原因，有针对性地实施解决对策，把问题解决在初始阶段。

有些下属因为与上级领导关系好，所以不服从中层干部的现管。解决策略是，向领导反映并建议领导多肯定自己部门的工作，让所有下属看到领导的支持从而注意分寸，让不合作的下属知道人际关系不可以代替工作关系；也可以在下属出现常识性错误时进行提醒，让他敬佩你的业务能力。

牢记自己的首要责任是完成部门的工作，确保部门的生存和发展。要调动、团结本部门里踏踏实实干工作的人完成各项任务，通过工作实绩建立领导地位。

不要把对付不合作的下属作为你的工作重点，与不合作的下属进行对抗或压制也不是长期办法。可以根据实际情况，设计设法引导不合作的下属从工作中获得成就感，逐渐督促其承担相应责任并成长为独当一面的能手，最终成为你团队中的一员。

**（四）掌握跨部门沟通技巧，提高合作能力**

跨部门沟通是对中层干部要求极高的一项能力，同样一件事情你可以把它弄成复杂且解决不了的问题，也可以四两拨千斤轻而易举地解决。一个优秀的中层干部既要学会向下管理也要学会向上管理，解决问题才是所有管理的根本。

1. 跨部门沟通不能有先入为主的观念。不能先假定自己是正确的，更不能对某个人有偏见。事情是事情，情绪是情绪，想法是想法，解决事情就只谈事情，不能混为一谈。一切问题的解决以制度为准绳，如果制度缺失就以协商的结果或者由上级领导决策的结果为准绳。决策未必是最佳的，也未必是正确的，但决策一旦形成就要执行。

2. 跨部门沟通务必建立在对等的场景下。首先，要尊重对方，前提是尊重制度，制度有错是制度的问题，不是人的问题，不能道德绑架对方，更不能仅站在自己的立场说明问题。比如，强调自己为学校好，当这一点占据了思想的主导，就意味着你想表达的是别人不是为了学校，这样就会破坏沟通的对等性。

3. 跨部门沟通要解决的是问题而不是情绪。这种认知是一个优秀中层干部必须清楚的。问题第一次解决不好可以第二次去解决，第二次解决不好就第三次去解决，跨部门沟通解决问题的能力是一个经验积累的过程。但跨部门沟通解决不了情绪问题，情绪属于自己的私人心境。

4. 更有效的跨部门沟通以了解所有部门的制度和流程为前提。越贴近制度和流程以及学校的战略方向和工作部署，你的团队获益就会越多，得到的支持就越多，而不是相反。

5. 跨部门沟通要注意沉默未必是金。对不同意见可采用以下处理方法：专业说服、利益点说服、针对问题点说服、用事实说话、找出证据、借力使力、做给他看、改变其他部门的决策模式等。要注意沉默未必是金，该说的话还是要说出来。在沟通中对离题的话题，应技巧性地制止，但不可封杀不同意见。另外，对跨部门间较为敏感的问题，最好能私下解决，迫不得已必须在会议上讨论的，也应先通气，对事不对人，讨论时尽量以解决问题为主。

6. 跨部门沟通应确认沟通结果。不可否认，跨部门沟通常常出现沟通好的事被遗忘，口头约定后又有反悔，完全推翻前次沟通的内容，说时一套、做时一套等情况。对此，可以采用回顾、备忘录汇签、表单、指定具体负责人等方式来确认沟通结果。当然，态度与技巧要合适。

如采用口头确认方式时耐心询问：您满意吗？这些是不是您需要的？我们希望真的已经为您帮了些忙！您看这样行吗？我现在能想到的就这么多，您还有其他建议吗？有您希望的进展吗？

采用书面确认方式时，可请对方填写意见调查表，或同对方一起做总结，或将总结发给对方征求意见。

如果是与其他部门的领导沟通，要注意搜集信息，全面掌握情况；沟通时先说结果，引起对方重视；呈现尽量简单、注重时效；要主动为对方分忧解难；可以给出选择题、指出关键点，帮助对方选择解决问题的方案并约定回复时间。

## 合作精神自测题

1. 当你就某一个问题与别人争论不休时，你会（　　）。
   A. 顽固地坚持自己的看法
   B. 再试着沟通一下彼此的想法
   C. 坚持自己是正确的，但不会强求对方认可

D. 请旁观者评判

2. 如果某位同事因要去医院探望妻子，请求你替他去接一位搭夜班机来的专家，你应（　　）。

A. 立即同意

B. 找借口劝他另找别人帮忙

C. 以自己汽车坏了为由拒绝

D. 以有事为由，帮他另外找人去接

3. 你在某次会上发表的演讲很精彩，会后几位同事都向你索要讲话PPT，你应（　　）。

A. 同意，立即发去

B. 同意，但并不十分重视

C. 同意，但转眼即忘记

D. 同意，但删去PPT上的重要内容

4. 如果你参加一个培训班，学到了一些对许多同事都有益的前沿知识，你应（　　）。

A. 返回后立即向大家宣布并分发参考资料

B. 只泛泛地介绍一下情况

C. 把这个课程贬得一文不值，不泄露任何信息

D. 只是告诉大家找时间分享所学知识

5. 刘主任为了提高时间管理的效率，需要排除一些与工作无关的事情，能帮助他的是（　　）。

A. 把更多操作性的工作分配出去

B. 独揽所有的工作

C. 工作时间拒绝接听任何电话

D. 学会授权

6. 团队合作是一种永无止境的过程，因为合作的成功取决于各成员的（　　），所以，维系成员之间的合作关系也是每个人责无旁贷的工作。

A. 观点　　B. 性格　　C. 能力　　D. 态度

7. 你发现一个同事在工作中遇到了困难，而你又具有解决这个困难的能力。在这种情况下，你通常会采取的做法是（　　）。

A. 不主动去帮助，等他来找自己以后再提供帮助

B. 在完成自己的工作以后，主动去帮助他

C. 放下自己正在做的工作，主动去帮助他

D. 让他在一旁看着，自己替他去解决问题

8. 指挥是"团队"的核心和灵魂，指挥得当，协调有方，就能最大限度地调动各方的积极性，集中各方的智慧，形成一股强大的合力。这段话表明（　　）。

A. 善于合作，首先要做到合理分工、科学规划

B. 善于合作，必须做到有效指挥、相互配合

C. 善于合作，必须相互沟通，求同存异

D. 善于合作，必须自觉承担责任和义务

9. 根据木桶理论，一只木桶能够盛多少水由最短的那块木板所决定。以下说法错误的是（　　）。

A. 任何一个团队要想成功，都需要紧密的协作，每个人都不能不出力

B. 团队要想强大，需要全体成员团结一致，共同奋斗

C. 团队成员水平肯定参差不齐，有一个人不优秀不会影响集体优秀

D. 每个人都应该尽力改正自己的短板，不让缺点影响自己的综合水平

10. 每年的春秋时节，大雁都会进行大规模迁徙。在整个过程中，其最重要的特点便是永远成群结队行动，不让任何一只大雁单独面对困难。以下说法正确的是（　　）。

A. 这只是动物的自然行为，人类不需要关注它

B. 大雁迁徙成功在于有明确的目的地，有了明确的目标不合作也

没关系

C. 团队的集体可以帮助我们渡过难关，取得成功

D. 团队协作中只要领导努力即可，普通成员的作用不大

11. 某日，郭副校长就本年度建设学校创新年召开研讨会议，请各部门有关人员发言。

A 部门代表说：我觉得非常好，赞同学校管理创新的决策。（主持人问到具体措施时，该代表表示要回去请示部门主任）

B 部门主任表示创新要首先创新思维与机制。

C 部门主任人比较直率，没等 B 部门主任说完，即坦言我前一所任职学校也开展过相关的研讨，随即介绍原来任职学校的具体做法。

D 部门主任听后，提出了三个问题（主要是疑问），表示创新方向是对的，但如何创新、怎么创新要有具体的计划。

E 部门主任把目光投向郭副校长，看到郭副校长眉头紧锁。

请问：该学校跨部门沟通会议问题在哪里？你认为应该怎样召开？

12. 中层干部所在部门都是平行部门，如果协作部门不配合怎么办？

13. 沟通时其他部门领导态度傲慢怎么办？

14. 我们已经有了很深的积怨，以后如何更好地跨部门沟通？

15. 沟通没有理想的结果，但是事情又不能耽搁，怎么办？

16. 遇到一些同事说一套做一套，怎么办？

17. 各部门对同一问题有不同的看法，怎么办？

18. 下属向你投诉，其他的部门不配合且态度不好，如何面对？

19. 受其他部门影响，造成本部门业务指标无法完成时怎么办？

20. 对方责任心不强，推卸责任，怎么办？

21. 在发展校企合作关系方面，你所在部门可以有哪些作为？

22. 合作能力小测试。针对自己的实际，回答以下各题。

（1）我喜欢在别人的领导下完成工作。（是　否）

（2）我不喜欢参加小组讨论。（是　否）

（3）与陌生人一起讨论时，我会放不开。（是　否）

（4）我喜欢与人一起分担一项工作。（是　否）

（5）我与周围人的关系很和谐。（是　否）

（6）我觉得自己比别人缺少伙伴。（是　否）

（7）很少人让我感到可以真正信赖。（是　否）

（8）我时常感到寂寞。（是　否）

（9）我相信大合作大成就，小合作小成就。（是　否）

（10）我感到自己不属于任何圈子中的一员。（是　否）

（11）我与任何人都很难亲密起来。（是　否）

（12）我的兴趣和想法与周围人不一样。（是　否）

（13）我常感到被人冷落。（是　否）

（14）没人很了解我。（是　否）

（15）在小组讨论时我感到紧张不安。（是　否）

（16）我善于把工作分解开让合适的人一起做。（是　否）

（17）我感到与别人隔开了。（是　否）

（18）我感到羞怯。（是　否）

（19）我要好的朋友很少。（是　否）

（20）我只喜欢与同我谈得来的人接近。（是　否）

**合作能力测试结果分析：**

每题均有两个测试结果，即"是"和"否"。答一个"是"得1分，答"否"得0分。得分在12分以上表示合作能力亟待提高；8~11分表示合作能力一般；5~7分表示合作能力较好；4分以下表示合作能力非常好。

# 第七单元　团队管理能力

现代管理越来越注重团队这一概念，以团队为基础的工作模式逐渐成为一种趋势，在学校管理中也被广泛应用，如教师教学创新团队、课程开发团队、教育教学改革研究团队、技术开发团队等。作为中层干部，身处于各种团队中，要运用团队的工作模式来推动工作。团队管理乃是运用成员专长，鼓励成员参与及相互合作，致力于组织发展，通过组建各种团队参与做出各项决定和解决各种问题等，这有利于达成组织目标。因此，中层干部要善用团队管理，激发成员潜能、协助解决问题、增进成员组织认同、提升组织效率与效能，这也是一种管理能力要求。

## 一、团队管理能力的内涵

职业院校中层干部的团队管理能力，主要是指能根据团队的整体目标，为团队成员制订职责和目标，在工作中对他们进行辅导和激励，不断提高团队凝聚力与战斗力。

### （一）团队的意义

团队就是由两个或者两个以上相互作用、相互依赖的个体，为了特定目标而按照一定规则结合在一起的组织。在职业院校中，组建团队旨在合理利用每位成员的知识和技能协同工作，解决问题，达到共同的目标。

1. 团队能把互补的技能和经验结合起来，这些技能和经验超过了团队中任何个人的技能和经验，使团队能够在更大范围内能应对多方面的挑战。

2. 与个人相比，团队能够获得更多、更有效的信息。随着环境的快速变化，需要掌握更多有效的信息以做出决策。在团队形成自身目标和目的过程中，团队的运作方式能建立起解决问题和提出倡议的交流方式。团队对待变化中的事物和需求是灵活而敏感的，团队能用比个人更为快速、准确和有效的方法扩大组织的联系网，根据新的信息和挑战调整自己的工作方法。

3. 以团队为基础的工作模式为管理工作的提高和业绩的取得提供了新的途径。团队成员通过共同克服障碍，各成员对相互的能力建立起了信任和信心，也强化了共同追求高于个人和职能工作的团队目的和愿望。克服障碍，取得业绩，这就是人们组成团队的原因。

4. 团队有助于使自上而下的领导方法集中着眼点和提升质量，培育新行为，并为跨职能部门的活动提供便利。一旦团队开始工作，团队就能够将一种处于萌芽状态的理想和价值观转变为一致行为，因为团队依赖于人们的共同工作。组建团队也是在整个组织内设立共同目标最为实用的方法。团队能使各级管理人员负起责任，而不是削弱他们的作用，能使他们在跨组织内的各个领域中推动事物的发展，并带来多方面的能力以解决各种难题。

（二）团队管理要素

优秀的团队具有一致且具体明确的目标，各负其责又能共同承担责任，具有畅所欲言、相互倾听、团结互助、互相认同、行动统一、反应迅速、高效执行等特点。中层干部做好团队管理，应关注以下五大要素。

1. 信任。信任是一个团队的基础。如果能够在团队内部建立起坚实的信任基础，那么管理成本就会大大降低。中层干部作为团队管理者，要想与团队建立信任，要注意行言一致、共赢思维和公开透明。言行一致，相互信任，不要让猜疑毁掉团队；为团队考虑，把整个团队的共赢作为重要目标；采用公开透明的方式进行互动，这样才能在团队中建立信任。

2. 目标。没有目标的团队在组织中不具有价值。中层干部作为团队管理者，一定要在带领团队的过程中坚持以目标为导向。把部门目标与学校目标紧密结合起来，围绕学校的中心目标将任务层层分解、宣贯、检查、处置，只有这样才能把大家的精力、激情集中到一起共同前进。要注意挖掘目标背后的意义，量化的目标有诸多好处，但是团队成员如果只是为一堆数字而工作，大家的动力很可能不足。重要的是目标要取得团队共识，只有整个团队都对目标达成了共识，才能在执行的过程中更加主动。

3. 流程。管理流程能够保证管理者做出恰当的决策，同时保证整个团队能够按照高效的方式运转起来。如果整个流程能够不断优化，那么团队可以通过流程实现整体的提升。团队可以通过做好计划、分工执行、过程检查、总结优化来把握流程的关键点，并结合流程再造理念来不断优化流程。

4. 承诺。团队的共同承诺对于目标的达成和流程的优化都至关重要。但是，让团队愿意承诺却不是一件容易的事情。中层干部作为团队管理者，需要抓好五个环节，让整个团队愿意承诺。一是营造"勇于承担"的团队文化。团队文化会影响每一个团队成员的行为方式。二是注重前期的铺垫与沟通。对于重要的工作任务，如果搞"突然袭击"，员工一时很难接受就会产生抵触情绪。所以，布置重要工作需要提前在团队中做铺垫，让大家有一定的心理准备，这样接受度会更高。三是对任务的意义和资源做充分沟通。当与团队讨论重要工作任务的安排时，管理者要跟团队成员充分沟通任务的意义和资源，而且要注意这两点先后的沟通顺序：先沟通任务的意义，再沟通完成任务的资源。四是及时跟踪任务进度和做好激励。对于重要的工作任务，管理者要给予关注，这样会让团队成员内心踏实，另外也可防止项目遇到困难无法及时解决而延误。五是当项目完成时，管理者要对完成任务的团队或成员及时给予激励，带领团队庆祝成功，这样一方面可以让员工感到自己的价值，另一方面也是营造"勇于承担"的团队文化的重要方法。

5. 沟通。沟通如同团队的血液贯穿于前面的四个要素当中，其作用极其重要。团队能否高效沟通，关键要看以下三个方面：一是有话愿说。团队成员是否有话愿说，体现了成员是否觉得团队氛围安全，这也是管理者了解一线情况的关键前提。二是有话直说。有话直说是指团队的沟通效率很高，很多事情不用兜圈子，很快就能谈到问题的核心。这一点与团队的信任度有很大的关系，如果信任度高，往往比较容易有话直说。三是有话好好说。有话好好说是指团队成员有好的沟通技巧，既能把问题说清楚，又不伤害彼此的关系。有话好好说是需要训练的，并不是所有人一开始都能做到，所以管理者要给团队提供关于沟通技巧的培训以帮助团队成员掌握这一技能。

## （三）团队管理能力的层次

团队管理能力聚焦在三个方面，即目标设定、成员分工、资源分配。能够分析发现以上三个方面存在的问题，能够对以上三个方面的问题做出决策，就拥有团队管理能力。你所管理的团队，如果不能在目标设定、成员分工、资源分配三个方面发现问题，没有一套方法论或者标准，你就不具备团队管理能力。团队管理能力三个层次依次为关注状态、优化连接、发掘潜力，提升团队管理能力的过程就是逐层升级的过程。

第一个层次是关注成员的状态。了解自己团队的成员，他们的需求是什么，他们擅长什么，他们拙于什么。不了解他们的需求，就无法激励；不了解他们所擅长的，就无法授权；不了解他们的短板，就无法培训。无法激励、授权、培训，就无法管理。衡量这个层次状态的标准是关键词的提炼，谈到团队成员，如果只能说出人品好、能力强之类的泛词，这种关键词就没有任何价值。关键词必须定位分明，差异明显，这样的关键词才能支持决策。

第二个层次是将目标、团队、资源三者进行连接。团队的每个成员知道团队的目标是什么，基于目标如何分工，如果实现目标，对于他们有什么好处。让资源向目标充分倾斜，让目标随着团队的反馈而调整优化，本质上是让有权力的人承担责任，让担负责任的人得到利益。反之，如果拥有权力却不需要承担责任，承担责任却得不到利益，拿到利益却不需要承担责任，则是团队管理无能的表现。

第三个层次是对潜力的挖掘。制定目标受限于团队和资源，但是团队和资源并不是固定不变的。如果合理设置目标引导团队成员发挥自己的潜力，精心搭配团队，让团队成员可以发挥优势、弥补劣势，将资源聚焦在核心领域之内，团队的潜力肯定超乎我们的想象。

## 二、团队管理能力的标准

在教育教学管理中，中层干部的团队管理能力有不同的行为表现，低效的行为表现主要有：团队成员的角色分工不明确；不能就工作目标和计划与成员达成共识；不能根据成员的特点与专长，恰当地分配目标与任务；只为下属分配任务，却不能提供必要的支持；不重视采取适当办法提高下属的工作积极性；不能根据成员的工作表现，进行及时准确的奖励与批评。

团队管理能力高效的行为表现主要有：使成员明确团队的整体目标与计划以及对成员个人的绩效期望；了解每位成员的大体情况，充分发挥其长处；根据成员的工作进度与效果向其提供及时明确的反馈意见；充分授权并给予必要支持，积极培养和锻炼有潜力的成员；帮助成员总结工作经验与教训，并有针对性地提出建设性的建议，使成员更好地成长；根据成员的不同特点与需要，采取不同的激励措施；根据成员的工作表现，做到赏罚分明；树立积极形象，并以身作则。

基于以上对团队管理能力低效与高效行为表现的描述，我们提出了以下职业院校中层干部团队管理能力的标准要求。

### （一）明确本部门或团队的整体目标和使命，并明确各成员的职责

团队目标可以说是一个团队的方向，只有明确本部门或团队的整体目标，才能够让成员的力量发挥到最大，也才能够帮助团队更快发展。

只有在明确了行动目标后，才能调动成员的潜在热情，使其尽力而为，创造最佳成绩，成员也只有在达到了目标后，才会产生成就感和满足感；目标有凝聚作用，当团队目标充分体现成员的共同利益，并与成员的个人目标保持和谐一致时，它能够极大地激发成员的工作热情、献身精神和创造性；目标是决策标准和考核依据，只有明确团队目标，成员的思考和行动才有客观准绳，考核才有依据。

使命感是决定团队行为取向和行为能力的关键因素，是一切行为的出发点。团队使命是指团队因何而存在的一种理念。具有强烈使命感的人不会被动地等待工作任务的来临，而是积极主动地寻找目标；不是被动地适应工作要求，而是积极、主动地去研究所处的环境，并且会尽力做出有益的贡献。作为一个团队管理者，要引导成员为使命而工作。

准确的角色定位是团队建设的重要砝码。明确每位成员的职责，分工明确，资源共享，更能充分提升团队的综合实力。在团队中，成员一旦出现角色模糊、角色超载、角色冲突、角色错位、角色缺位等现象，就会使成员之间互相推诿，最终将会降低团队效率。只有清晰的角色定位与分工，才能使团队迈向高效。团队效率与团队成员的职责状况直接相关，职责不明、职责混乱，最终势必降低团队效率。任何团队要想达到高效，都必须做到职责权限和工作范围明确。团队成员的职责安排要以人为本，关注成员具备的素质和能力，根据每位成员的能力、特点和水平，将他们放到最适合他们的岗位上，给他们提供施展才华的平台，使职责安排有利于团队成员发挥其专长并有利于其个人成长。团队成员的职责制订要立足现实，确保每位团队成员理解团队对他们的期望值，从而充分调动他们的积极性，为提高团队效率贡献力量。

**（二）了解团队成员的能力特长和个人特点，正确评价成员的长处和有待改进之处**

管理者要了解自己以及团队成员各自的典型特征、积极特征、弱点以及在团队中的作用。通过对团队成员的角色认知，更加有针对性地知人善任，进行工作分配、协调、激励等。

正确评价成员，包括团队管理者对成员的评价、成员之间的评价、以及成员对自己的评价，目的是充分调动他们的积极性和主动性。每位成员都是不断完善、不断发展的人，对暂时有问题的成员只要能够正确评价他们，就会促使他们解决自己的问题。有些成员因为表现自己的方式方法不妥和掌握不住分寸而出现的"问题"，不应视为犯错误。团队管理者及时有效地引导、教育，可使他们主动、自觉地掌握好分寸。正确评价成员的长处和有待改进之处，可以维护成员的自尊心，极大地调动他们的积极性。

对团队成员的评价，可以通过考核方式进行。考核内容包括如下几方面。

1. 工作表现。对团队成员的考核，可通过内部考核和外部考核两方面来实现。外部考核主要由学生评价、其他部门人员评价和领导评价构成。由于时间、成本等因素，外部评价不可能频繁进行，因此，对团队成员的个人考核，在很大程度上靠团队内部成员的相互评价和自我评价来实现。团队考核的实施，对团队成员的素质、考评技能的培训、团队成员的相互尊重、信息传递的公开性等方面应有一定的要求。

2. 工作绩效。对整个团队的工作效果的考核也应通过内部考核和外部考核来定夺。内部考核是团队成员对本团队工作进行全面系统的评价；外部考核包括学生、其他组织、领导的评价。对团队总体成绩考核之后，需采用个人成果与团队成果挂钩的方法，或者采用分摊的方法，或者论功行赏的方法等。

3. 突出作用。团队是整个组织中的一部分，其对整个组织的影响作用可由组织中其他主体进行考核。这也是对团队整体的一种评价方式，评估的重心并非对团队本身的工作考核，而是评价其对整个组织的作用和其在组织整体中的表现等。

团队考核是为了对工作进行总结，奖优罚劣，改善整个团队的运作方式，积极鼓励团队成员成长和进步。考核制度制订不当，不仅起不到上述作用，而且会产生反作用，并直接危及团队的生存和发展。团队的绩效考核应是全方位的，应尽可能做到全面、公正、科学，最大限度地避开人的非理性因素。

**（三）提供具有挑战性的任务，帮助下属制订能力发展计划并提供必要指导**

挑战的主旨是激发自我、调动潜力、克服困难、享受成功。为团队成员提供挑战性任务，是激发他们内心需求的方法，通过具有挑战性的任务来激发成员对任务的好奇心和冲动感，以及任务完成过程中不断取得进展的喜悦感、成就感。挑战性任务能够激发团队成员挑战的勇气和能力，强化创新意识和能力；能提升成员的终身学习能力，学会快速获取和运用新知识、新工具；能促使团队成员加强沟通和合作能力。有些团队管理者过多考虑个人得失，担心团队成员不能完成挑战性任务而影响自己的工作业绩，给自己带来不利影响；或担心团队成员完成挑战性任务获得声誉影响个人威望。因此，为团队成员提供具有挑战性的任务并给予指导，是衡量团队管理者胸怀的试金石。

帮助团队成员制订个人发展计划，是增强管理者团队管理能力的重要措施。一般来说，帮助成员制订个人发展计划要经过以下步骤：一是成员自身定位，帮助他们进行比较准确的自我评价，同时必须对成员所处的相关环境进行深层次分析，并根据他们的自身特点设计相应的职业发展方向和目标。二是成员个人评估，评估的重点是分析自己的条件，特别是性格、兴趣、特长等。性格是职业选择的前提，不同的工作要求由不同性格的人来适应，兴趣是工作的动力，但它并不等于特长，特长主要是分析自己的能力与潜力。个人评估是职业生涯规划的基础，直接关系成员的职业成功。在成员的自我评估中，团队管理者提供指导，以便成员能更容易更客观地评价自己。三是评估成员表现，可以利用当前的工作状况、成员个人评估的结果来对他们的能力和潜力进行评估，确定成员可能的发展道路，同时也帮助他们知道自己的优势与劣势，以便他们更加现实地设定职业发展目标。四是分析环境，主要是通过对职业环境、社会环境、经济环境等有关问题的分析与探讨，弄清环境对团队成员职业发展的作用、影响及要求，以便更好地帮助他们制订个人发展规划。

## （四）激发他人的工作热情，及时适当地给予鼓励和奖励

重视团队成员的需求，充分发挥成员的特长，让他们对工作产生兴趣。团队的管理者应该根据成员的智力、能力、才能、兴趣以及技术特长来安排工作，把适当的人员安排在适当的位置上。在团队管理过程中，还应注意为成员指明奋斗目标和方向，激发他们的工作热情；与成员共同庆祝成功，这不仅有助于他们今后更加出色地开展工作，而且通过相互激励还可以进一步强化同甘共苦的一体感，将成功的喜悦转化成新的动力；认可成员的付出，让他们感觉受到关注与重视。

作为团队管理者，还应不断用赏识的眼光对待成员，不断地在工作中表达自己的赏识，使成员受到鼓舞和激励，尤其是在成员做得优秀的时候。如果管理者不能承认成员的表现，一味地让成员猜测自己的态度，会使成员对管理者丧失信心。在工作遇到难题时，团队管理者要鼓励成员，使他们可以重新振奋面对难题。

奖励可以激发成员的工作热情，团队管理者不仅要激励优秀员工，还要激励正在成长的员工。采用表扬成员进步、提供舞台、给予有温度的关怀、及时激励、持续激励等多种奖励方式，可以给团队成员带来不一样的心理激励。

## （五）创造良好的团队工作氛围，使每个成员都能将自己的能力发挥到最大限度

一个向上、充满斗志的氛围是非常重要的，团队的带头人要重视团队工作氛围建设。一是要给出这个团队个人目标，采取措施让成员的行为与团队的目标一致。二是开展团队培训，全员参与，苦练基本功，在团队内部有参与感、获得感，这样团队的凝聚力就会增强。三是采取激励措施，包括物质和精神上的激励，团队成员对这个团队做出的每一点

贡献都要尽量做到有可量化的奖励，这样团队也会充满积极向上的能量。四是实行民主管理，团队内部的管理方式，特别是团队管理层的领导方式对成员积极性的影响很大。管理层作风民主、广开言路、办事公道、善于体谅和关怀下属，这时士气就会非常高昂；而独断专行、压抑成员想法和意见的管理层则会降低团队成员的士气。五是营造和谐的内部环境，团队内人际关系和谐、互相赞许、认同、信任、体谅，这时凝聚力就会很强。

### 三、提高团队管理能力的策略

#### （一）提升自身的专业素养和道德品质

中层干部的团队管理能力应建立在其优良的教育理论素养、良好的道德风范、扎实的业务能力基础上。团队管理能力是一种专业领导力，很大程度上要依赖非权力的影响，如品格、才能、知识、情感等，不能一味凭借职位权、强制权来行使，中层干部要关注自身管理行为的诚信、公正、正直。如果一个人拥有包容、感恩、爱和同情心，那么他能够受到别人的尊重和感激，继而能激发别人跟随的欲望和行为。同时，要率先垂范，一个简单而有效的影响别人的方法是以身作则，作为团队管理者，应通过自身的行动来传播价值观和传达各种期望，对于那些需要显示忠诚、做出自我牺牲以及承担额外工作的行为，中层干部特别要率先垂范作则。

#### （二）创建发展的共同愿景

共同愿景是团队为之奋斗的理想图景，可以激发员工为实现学校目标而努力。中层干部要努力将教育理念转化为发展愿景，制订切实可行的教育发展规划，引领教职工参与学校愿景创造并在创立愿景的过程中寻求自己的理想和信念，用共同愿景为教职工提供能量。对于团队的共同愿景，通过理性说服来影响别人不失为一种重要的策略。理性说服涉及使用符合逻辑的观点和事实证据，使团队成员相信共同愿景是可以达到的。

### （三）引领成员的专业发展

提高团队管理能力，中层干部必须重视、关心、引领成员的专业成长，要创建成员专业成长的氛围，努力构建良好的专业学习生态环境，开展多种形式的学习活动，为成员成长提供有力的专业支持；还要为成员创建专业成长的机会、空间和条件，做成员专业成长的助推者；要建设一种共同助推发展、共同承担责任的团队文化；要指导成员的业务工作，助力成员的业务水平和工作业绩的提升。

### （四）掌握团队冲突处理技巧

任何一个团队都有可能因为各种主客观因素而发生冲突，如果不能妥善处理好这些冲突，团队很可能由此分裂甚至垮掉。面对团队冲突，管理者要学会妥善处理的方法、技巧。解决团队冲突可采取以下六大步骤。

第一步，沟通协调一定要及时。一旦团队内部出现冲突，管理者必须在第一时间进行协调，以免影响成员之间的合作关系，冲突处理不当就会越变越难缠，要防止团队风气向消极的方面发展。如果及时进行沟通协调，就会将某件产生分歧的事件的影响力降至最低，这有利于后期工作的进行。

第二步，善于询问与倾听，努力地理解别人。管理者应当教导成员倾听对方说话，学会换位思考，理解对方的处境，这有利于成员之间化解矛盾。如果产生分歧的双方总是站在自己的立场上，沟通就无法进行。

第三步，建立良好的回馈机制。处理团队内部冲突，一定要形成良好的回馈机制，管理者应当对事件进行跟踪，看看成员是否真的知道如何处理工作。回馈机制的建立能够让管理者随时掌握协调工作的进度，如果冲突双方没有按照协商结果进行，管理者要继续进行协调，以免影响其他工作。

第四步，负面情绪未消除时不要急于协调沟通。当发生冲突的双方处在负面情绪中，不要做出任何行动，也不要进行协调沟通，此时，最重要的工作是让他们整理好自己的情绪。当人处于负面情绪的时候，往往会做出不理智的行为，避免在这个阶段处理任何工作，是为了减少冲突升级的概率。

第五步，真正的沟通是针对某件事情进行讨论与分析，沟通之后会产生一定的结果。因此，为解决冲突所进行的沟通应尽量选择正规方式，控制非正式沟通。如果冲突双方使用非正式沟通，难免会在交流中掺杂个人感情、产生话语歧义等，这样反而影响沟通效果，降低沟通的效率。

第六步，容忍冲突，强调解决方案。处理冲突是为了找出一个最佳方案，这个方案应当对团队工作有帮助。我们不妨将冲突放一边，尽力找出处理问题的方法。搁置冲突强调解决办法比吵架更有实际意义，吵架永远不会产生结果，解决方案却是改变现状的关键途径。

### （五）提高个人影响力

团队管理者的个人影响力在团队管理中意义重大。影响力大的人能够更有效地实现目标，因为成员会发自内心地接受管理者的影响力，这是影响力所能产生的最佳结果。"心悦诚服"是影响的最高层次，通过影响他人，让成员为特定的目标而做出承诺，成员就会积极主动地对共同目标给予支持，管理者无须花费过多精力去监管和改善团队；如果管理者的影响力稍逊一筹，那么影响的结果往往就是顺从，一些成员可能内心不是很愿意，但表面的行为跟别人保持一致，并不是真正地心悦诚服。这样的状况是团队在达成共识后，成员能努力完成明确规定的任务，但却不能释放所有的潜在积极性和创造力；如果管理者的影响力完全没效果，那么成员就会抵触，对管理者所推行的目标进行阻碍或破坏，或者试图劝说管理者收回成命，或者找借口，或者阳奉阴违。

作为团队管理者的中层干部提高个人影响力，可以从以下几个方面入手。

1. 积累职业岗位经验。拥有良好的本职工作经验，会对影响力产生正面影响。广泛的教育教学管理知识便于中层干部准确把握学校管理状况，对其做出目标决策及提升各方面管理的信服力有着重要作用。同时，本职工作经验还可使团队管理者拥有良好的校内校外人际关系和声望，从而提升影响力。

2. 树立正确的人生观和价值观。"物以类聚"，团队管理者的个人价值观会吸引具有同类价值取向的人凝聚于团队，增加对团队的认同感和归属感。同时，团队管理者的人格和价值观还会潜移默化地影响团队成员，成为团队默认的行为标准。具备优秀价值观和人格的团队管理者，会使团队成员对其产生敬佩、认同和服从等心态，其影响力无疑会提高。

3. 良好的沟通能力。良好的沟通能力是影响力的桥梁和翅膀，在准确传达团队管理者意见、要求、决策的同时，也广泛传播了其影响力。恰当的沟通本身就是影响力的一个很好的体现。团队管理者在与团队成员平等交流、协商，显示合作意愿，共同开创前景的同时，也增强了团队成员的参与感和认同感，从而进一步增强了团队管理者的持续影响力。

4. 散播积极因子。一个健全的团队最好的状态，是成员在努力工作时得到乐趣。如果团队管理者认为其跟随者太消极，那么最好先检查自己。热忱是会传染的，在一个积极热情的人面前，人们很难保持冷漠的态度。当团队管理者的乐观、希望、信心向外散发到整个团队时，其影响力便不断放大、提升。

5. 与团队成员分享。要在工作当中不断地和成员分享知识、分享经验、分享目标、分享一切值得分享的东西。通过分享，管理者能很好地传达理念，表达想法，不断形成影响力；管理者也能不断地从成员那里吸收更多有用的东西，管理者与成员之间形成互动，相互学习，共同进步。

## 团队管理能力自测题

1. 某团队负责人高老师发现自己在授权的过程中出现了问题，一名成员在工作过程中使项目进展偏离了正常的轨道。在这样的情形下，高老师不应该（　　）。

   A. 继续信任和关注该成员

   B. 把授予的权力收回

   C. 制订一份双方一致同意的行动计划

   D. 为该成员提供必要的支持

2. 小张是学校后勤干事，他的大部分工作都是为他人服务，或者在需要的时候做一些应急的事情。那么，下列有关小张的工作计划，描述最恰当的是（　　）。

   A. 尽可能对有关的或重复性的工作进行计划

   B. 无论如何，他的工作都需要做出详细、准确的计划

   C. 他没有必要做计划

   D. 他的工作无法做计划

3. 下列有关激励方法的说法，错误的是（　　）。

   A. 了解团队成员的需求，根据个人特点选择满足个人需求的激励方式

   B. 各种激励方式搭配使用

   C. 了解团队成员需求，根据大多数人的特点选择满足大多数人需求的激励方式

   D. 根据不同的工作时期、工作内容选择不同的激励方式

4. 团队带头人关老师准备为团队成员的个人能力发展计划选择方案，这些方案取决于很多因素，这时，不在关老师考虑之内的是（　　）。

   A. 成员个人的技能水平　　　B. 成员的工作和学习的方法

   C. 学校过去的办学成绩　　　D. 资源的可用性

5. 案例：黎老师工作认真负责、业务能力强，是学校的一名优秀

教师。本学期,黎老师被学校任命为驾校负责人,负责对外开展驾驶培训并负责管理5名教师、3名干事。因为是紧急任命,黎老师未经过任何培训就走马上任了。上任后,他立即着手打造一支高效的团队。但是24岁的他以前并没有管理经验,在成为驾校负责人不到三个月就表现出与所在的团队格格不入。

驾校教师、干事的反馈显示,黎老师试图掌控每个人的培训情况及驾校管理的每个环节,甚至于驾校的卫生等小事都由其本人直接监督管理,他所领导的教师及干事则显得极为清闲,工作热情极为低下。因为找不到成就感,导致新到任的2位教师及2名干事突然离职,其余教职工士气也十分低落。下属抱怨说,黎老师每次开会都喋喋不休,同样的问题重复多次。对下属除了批评抱怨还是抱怨,从来不会表扬下属的优点、成绩与进步,在工作之余也从来不主动与下属进行沟通交流。

黎老师本人也感觉在驾校工作非常疲惫,找不到做一个团队主管的乐趣,失去了以往作为一个教师的单纯与快乐,为此他感到非常痛苦。

根据以上案例,请回答:

(1) 本案例中,黎老师曾经是一名很优秀的教师,但升为管理人员后,却遇到了很多麻烦,造成黎老师目前局面的最大原因是(　　)。

A. 他没有做好角色的转变　　B. 他个人能力不强

C. 他的下属们不配合他的工作　　D. 他的工作任务太艰难

(2) 黎老师试图掌控每个人的培训情况及驾校管理的每个环节,这使他所领导的团队其他成员找不到成就感导致一些人离职。这说明黎老师(　　)。

A. 不会思考

B. 不善于授权

C. 不懂得掌握工作和生活之间的平衡

D. 不相信下属

(3) 黎老师要想取得下属的信任,需要(　　)。

A. 加强与下属的沟通　　B. 学会组织高效的会议

C. 学会授权　　　　　　　　D. 组织下属开展娱乐活动

（4）黎老师的遭遇告诉我们，在团队成员的角色发生改变时，学校可以通过（　　）让他们尽快适应新的工作。

A. 领导谈话鼓励　　　　　　B. 充分授权
C. 对他们进行培训　　　　　D. 提高他们的福利待遇

（5）面对工作中出现的这些问题，你觉得黎老师应该（　　）。

A. 正视自己的不足，加强学习
B. 勇于承认能力不足，辞去工作
C. 向领导诉说工作中的困难，要求调职位
D. 就这样干下去，不理会下属的情绪

6. 请利用表7－1测试自己管理团队的能力。5分表示你觉得自己表现杰出；4分表示表现很好；3分表示还算满意；2分表示需要改进；1分表示表现差劲。请在你的选分打√。

表7－1　自我评估

| 评分项 | 5分 | 4分 | 3分 | 2分 | 1分 |
| --- | --- | --- | --- | --- | --- |
| 我了解每位成员的个性特性，并依照每个成员特性执行管理工作 | | | | | |
| 我会让成员知晓团队整体的计划与执行方法 | | | | | |
| 我鼓励成员提出改变执行计划的方法 | | | | | |
| 我鼓励成员自行解决问题 | | | | | |
| 我确信每位成员都知道他们被期望做些什么 | | | | | |
| 我会评估成员的表现 | | | | | |
| 我会协助成员对未来提早做好准备 | | | | | |

续表

| 评分项 | 5分 | 4分 | 3分 | 2分 | 1分 |
|---|---|---|---|---|---|
| 对于圆满达成任务的成员，我会给予表扬或是其他适当的奖励 | | | | | |
| 我让每位成员都能专注于团队合作上，但也让每位成员知道个别贡献的价值 | | | | | |
| 我让那些无法胜任团队工作的成员"坐冷板凳" | | | | | |
| 我知道团队中每位成员的个人期望 | | | | | |
| 我积极寻找可以帮助成员成长的方法 | | | | | |
| 我要求团队成员帮助其他的成员学习与成长 | | | | | |
| 我确信团队成员都了解团队与个人成功的关系（包括我自己），我必须信赖他们 | | | | | |
| 我把帮助团队中的每位成员当作最优先的工作 | | | | | |
| 我不会鼓励冲突，但是我坚持要在限制时间内解决问题 | | | | | |
| 我非常努力地让团队成员互相了解、尊重并支持对方 | | | | | |
| 我将自己的知识、专业技能与团队分享，也期望他们以相同的方式回报我 | | | | | |

# 第八单元　学习创新能力

"是非明于学习，正气源于学习。"学习能力是一个人的基础能力，在倡导终身学习的今天，学习是一名中层干部成长进步的动力源泉。学习，可以向书本学习，夯实自身的理论基础；向实践学习，丰富自身实践阅历；向领导学习，树立正确的政治观念、大局意识以及学习其领导艺术；向同事们学习，在相互合作中提高；向外界学习，他山之石可以攻玉，只有站在巨人肩膀上才能摸到天空。学习不仅是要学习新知识、新技能，更重要的是学习新思想、新概念。学习的目的是发动变革，进行创新，超越自我。

创新是时代对中层干部的更高要求。一个仅知道按领导意图办事的中层干部一定不是一个合格的中层干部。中层干部除了完成领导指示外，还要考虑如何创新，一个合格的中层干部一定是经常让领导做选择题（不断提出方案，请领导做出选择）而不是做问答题（事事都请示）。所以，要想成为一个合格的中层干部，就必须结合本部门的工作，对未来的发展做到有效规划，并与单位的管理层进行有效的沟通，不断对工作进行创新，用新观念、新方法解决新问题。

## 一、学习创新能力的内涵

职业院校中层干部的学习创新能力，主要是指积极寻求和把握学习与提高自身能力的机会，并将所学知识与技能运用于工作实践。

学习创新能力包含两个方面：一是学习能力，二是创新能力。

### （一）学习能力

学习能力是指能够进行学习的各种能力和潜力的总和。对个体而言,学习能力包括能够容纳、储存知识、信息的种类和数量,行为活动模式的种类,新旧信息更替的能力等,具体表现在如何学、怎样学以及学习的效果等方面。

1. 学习能力的两种含义。其一是指已经表现出来的实际学习能力和已经达到的某种熟练程度。如是否能解答某一类应用题,以及解答这类应用题所需要的时间长短。这种能力是很容易了解和测验的。其二是指潜在的学习能力,它是一种隐性存在的心理能量,通过学习和训练,隐性心理能量可能发展起来成为实际学习能力。实际学习能力和潜在学习能力是不可分割的统一体。潜在学习能力是一个抽象的概念,是各种学习能力展现的可能性,在遗传与成长的基础上,通过学习训练可变成实际的学习能力。潜在学习能力是实际学习能力形成的基础和条件,而实际学习能力又是潜在学习能力的展现,两者不可分割。

2. 学习能力的八种基本要素。一是感知能力,表现为对学习内容、方法及学习情境的选择、理解和整体认知,对学习信息的观察和反映。二是注意力,表现为在学习情境下的专注水平,包括注意的范围大小、集中程度、稳定性、转移的快慢、注意分配(同时注意两个以上的物体)的情况等。三是记忆力,表现为感觉记忆、短时记忆、长时记忆的容量和保持时间,识记速度、储存牢固、重现与再认效率高、遗忘少等。四是思维能力,从思维过程上说,包括分析与综合能力、比较能力、抽象与概括能力、系统化与具体化能力;从思维方式上说,包括概念的形成与掌握能力、判断与推理能力、发散思维与辐合思维的能力等。五是想象力,包括幻想能力、自由联想能力、再造想象和创造想象能力。六是语言表达能力,包括口语、书面语的表达能力和内部语言的外化能力。七是操作能力,从智力操作上说,表现为智力过程的速度、广度、逻辑性、灵活性、独立性、首创性等;从手工操作上说,表现为动作的反应速度、熟练性、准确性和应变性。八是学习适应能力,包括学习适应与调节能力、自我反馈与评定能力、学习方法的选择与创造能力、学习心得经验的总结能力等。

### (二) 创新能力

创新能力是在技术和各种实践活动领域中，不断提供具有经济价值、社会价值、生态价值的新思想、新理论、新方法和新发明的能力。

1. 创新能力是一种综合能力。创新能力不是一种单一能力（比如智商、情商），它由一些思维能力综合而来，主要包括系统性思维能力、创造性思维能力和实践能力。

系统性思维能力是一种逻辑抽象能力，是原则性与灵活性相结合的基本思维方式。在这种思维方式不失原则的情况下，人们采取灵活有效的方法处理事物。客观事物是多方面相互联系、发展变化的有机整体。系统思维就是人们运用系统观点，对对象的互相联系的各个方面及其结构和功能进行系统认识的一种思维方法；是迄今为止，人类所掌握的最高级思维模式，也是我们最值得花时间去掌握的。整体性原则是系统思维方式的核心。这一原则要求人们无论做什么事情都要立足整体，从整体与部分、整体与环境的相互作用的关系来认识和把握整体。也就是思考和处理问题的时候，从整体出发，把着眼点放在全局上，注重整体效益和整体结果，从而充分利用灵活的方法来处理事物。

创造性思维是一种具有开创意义的思维活动，即开拓人类认知新领域、开创人类认知新成果的思维活动。创造性思维是以感知、记忆、思考、联想、理解等能力为基础的，具有综合性、探索性和求新性特征的高级心理活动，需要人们付出艰苦的脑力劳动。创造性思维本质上是发散性思维。遇到问题时，这种思维方式能从多角度、多侧面、多层次、多结构去思考，去寻找答案，既不受现有知识的限制，也不受传统方法的束缚，其思维方式是开放性、扩散性的。它解决问题的方法不是单一的，而是在多种方案、多种途径中去探索、选择。创造性思维具有广阔性、深刻性、独特性、批判性、敏捷性和灵活性等特点。

实践能力是将理论转化为实践，将抽象思想转化为实际成果的能力，是保证个体顺利运用已有知识、技能去解决实际问题所必须具备的那些生理和心理特征。实践能力的形成涉及生理成熟、获得经验等多种因素的复杂过程，其标志是容易获得并运用以行动为向导的知识，它的获得需要在个体的实践过程中形成和发展。

2. 影响创新能力的因素主要包括外部因素和内部因素。创新需要经过艰苦的脑力劳动，物质基础和外在动因等外部因素会直接影响创新。创新的成果要有价值，也就是创新者的努力成果需要被社会认可。只有在外部动力的激发下，创新者才有足够的动机战胜困难。内在因素包括智商和毅力。智商决定了一个人对事物理解的深度、对规律掌握的程度，这是创新的基础。毅力就是做事情坚持不懈、永不放弃的能力。创新是一个艰苦的努力过程，可能过程乏味，可能经常失败，如果没有能力坚持下去，成功也就无从谈起。

### （三）学习与创新的关系

学习活动和创新活动有差异但也有内在的联系。学习是求知获能的过程，这种活动的结果是促成个体知识结构及心理结构的变化。继承性学习以继承前人创造的知识为目标，重在内化、吸收现有的知识来解决已知的、重复出现的问题；发现型学习以培养探索性精神为目标，采用研究式学习方法，学习者在对现有知识理解消化的过程中能够有新的感悟、发现新的问题，从而形成新的认识或解决问题的新方案。这两种学习模式对人的培养作用不尽相同，因而都具有社会存在价值和使用价值。

创新既包括"无中生有"的原创，又包括"有中生新"的二度创新，但任何创新都不是凭空臆造的。学习是创新的前提，学习与创新之间存在着深刻的必然联系。以知识为中介将两种活动紧密地联系在一起的学习活动是积累、储备知识的过程，创新活动需有一定的知识及其合理的结构作为保障。无数的创新实例表明，人们并不都是在知识结构完备的情况下才去进行创新的，更多的是围绕创新目标在不断尝试并纠正错误的过程中，发现新问题、吸收新信息、拓展知识结构，从而完成创新过程的。由此可见，创新是学习的重要动力，经常参与创新活动，可以推动人们的学习不断向更高层次或更宽广的领域发展，随着创新层次的逐渐升高，对知识学习广度和深度的要求也在提高。学习是创新过程的重要特征和不可缺少的环节，两者具有相辅相成的关系。

**（四）中层干部培养学习创新能力的意义**

学校中层干部要提升管理能力，必须长期不断地学习，这样才能保证自己的管理方法先进、管理技巧灵活，才有能力带动下属的积极性和主动性。学习要有锲而不舍的精神，要充分认识到管理能力和工作魄力只能依靠知识作为支撑。一味强调工作忙、应酬多、没时间学习，就会陷入庸庸碌碌、空虚乏味中。养成良好的学习习惯，切实增强学习的自觉性和紧迫感，不仅学习业务知识，还要系统学习计划管理、时间管理、沟通管理、绩效管理等知识，不断完善自己的知识结构。加强学习是提高个人观察、记忆、思维、想象能力的重要手段。要学以致用、学有所成，把勤勤恳恳学习和兢兢业业工作有机结合起来，应用所学知识解决实际问题，不断拓展学习内容和范围，提高学习的实际效果。提倡树立学习就是工作的观念，善于在工作中深化学习，在学习中促进工作。做人要知足，做事要知不足，学习要不知足。树立学习态度就是精神状态的观念，树立善于学习就是素质的观念，树立学习就是生活乐趣的观念。

被动、等待、单向、服从的时代已成为历史，新时代对中层干部的要求是主动、创造、双向、互动。中层干部必须树立创新意识，敢于向过去告别，这样才有信心掀开新的一章。要通过不断学习改善个人与团队的心智模式，实现本人和所领导团队的自我发展、自我超越，通过不断进取和创新，提高自己的综合素质和能力，从而使自己所带领的团队不断取得成功。教育本身就是一项创新的工作，学校中层干部一定要有改革的意识、创新的精神，围绕学校中心工作，积极谋划学校工作，不断创新工作方式、方法。在管理中，既要继承前人，又不墨守成规；既要借鉴别人，又不照抄照搬；既要扬弃旧义，又能创立新知，努力做到分析形势有新视野，研究情况有新见解，布置工作有新思路，解决问题有新办法。

**二、学习创新能力的标准**

在教育教学管理中，中层干部的学习创新能力有不同的行为表现。低效的行为表现主要有：对新的思想、观点与方法采取怀疑和抗拒的态度；知道自己知识与技术上的欠缺，但不主动采取任何积极措施去弥补；即使有更好的方法，或遇到新的情况，仍然固执地坚持己见和以往一贯的做法；不善于从成功与失败中总结经验和教训，多次犯同样的错误；对自己的长处和不足没有客观和准确的认识；不能以积极的心态面对批评，而是极力维护自己的看法或做法；压制下属的创新想法与做法，不能容忍下属由于创新做法所带来的差错；盲目或毫无意义地创新。

学习创新能力高效的行为则表现为：善于不断学习和迅速掌握新的思想、观点、方法与技术，并应用于实践；工作再忙，也要挤出时间来提高自己的技术和管理能力；善于从成功与失败中总结经验和教训，力求使工作做得更好；不断改进工作流程，提高工作效率，降低业务成本；能客观地分析自己的优点和缺点；主动听取他人的意见并适当改变自己的看法和行为，面对新的信息愿意调整自己的观点；鼓励和重视下属的新思想、新观点和新方法，愿意承担新做法可能带来的风险。

基于以上对学习创新能力低效与高效行为表现的描述，我们提出了如下职业院校中层干部学习创新能力的标准要求。

**（一）迅速掌握新的思想、观点、方法与技术，并应用于工作中**

拥有丰富的知识是管理能力、工作能力的基础。作为中层干部，必须牢固树立终身学习的理念，尽可能地挤出时间学习，不断吸收新的知识，努力掌握新的理论，成为知识型、学者型的中层干部。首先，要拓展知识结构，广泛涉猎各方面的知识，提高业务水平；学习政治理论知识，增强理论联系实际的能力；学习领导科学理论，锻炼统筹全局、知人善任和沟通协调的艺术等。其次，要注意学习的方法，必须坚持理论联系实际，做到学习与工作实践相结合、学习与研究工作相结合，用理论指导实践，靠实践丰富理论，以此循环推进。

在学以致用过程中培养学习热情和有效学习的能力。一是学习理解相关方针政策和掌握教育相关的法规条例，树立正确的教育观、质量观和法规观，工作立场正、方向明。二是勤于业务研修，利用一切可用的时间，坚持研修，努力掌握教育教学理论及管理方面知识，不断提升工作执行力。三是注重在实践中提高，创新能力提高必然要经过长期创新实践，只有积极实践，不断总结经验教训，才能提高自身的创新能力。四是创新必须立足岗位实践，既要坚持规范管理，又要敢于创新探究。总之，坚持在学习中实践，在实践中提高，不断增强学习、责任、大局、自律、角色、服务等意识，提升思维领悟、计划统筹、组织管理、协调沟通、思考洞察、探究创新等能力，进而增强岗位执行力。

**（二）善于总结经验教训，持续不断地改进工作方法和流程**

1. 中层干部总结经验教训其实就是一种管理工作的反思，是主动关心自己工作目的、结果、手段效率的一种行为，是不断控制、评价、修正自己实践行为的一个过程。善于总结经验教训的实质在于发现工作中的问题，并且解决问题，使以后不再发生不好的事情，使好的做法继续发扬。要把善于总结经验教训作为自己的工作习惯，通过自我反思、相互反思、集体反思，及时对工作进行回顾、梳理，抓住细节，反思成败得失，总结经验教训，不断提升工作水平。

善于总结经验教训有利于中层干部对管理工作从感性认识提升到理性认识。总结经验教训，可帮助管理者将现有管理活动中的感性认识上升到理性认识，中层干部做好对自己管理观念、管理方法、管理过程、管理效果实践的总结归纳，自然会成为最得力的有经验的管理者。中层干部只有继承自己的管理经验和吸取管理教训，才能正确地认识和把握管理活动中的种种本质特征，成为一名清醒的、理智的管理者。如果对管理活动只停留在感性认识阶段，其管理水平也就难以提升。

善于总结经验教训有利于中层干部开展管理研究。总结经验教训，应该成为一种经常的、贯穿始终的教育管理活动，包括中层干部对整个管理活动、管理行为进行检查、分析、反馈、调节，实行日趋优化的管理反刍。这样融于整个管理过程之中的管理研究活动就有了清晰轨迹，中层干部就能够冲破"经验型"的束缚，成长为一名"智慧型"管理者。

善于总结经验教训有利于中层干部形成自己的管理风格和特色。由管理新手到骨干管理者，是一个由量变到质变的渐变过程。在这一过程中，总结经验教训起着重要的作用。反思管理能使管理更理性、更自觉，管理过程更优化，从而形成自己的管理风格和管理特点。

善于总结经验教训有利于中层干部提升理论水平和拓展知识层面。一个善于总结经验教训的管理实践者，一定是一个善于学习、善于掌握科学理论的人。而反思性学习是中层干部为解决问题而进行的创造性学习，经过理论的重构和重建，从而达到解决问题、创造新知的目的。

2. 持续不断地改进管理工作方法和流程是新时代的客观要求。在职业教育发展新时期，教育领域中新的矛盾和问题层出不穷，职业教育改革发展新征程要求中层干部运用新的思维、新的观念、新的举措做好各项管理工作。工作方法是我们在正确理论指导下顺利开展工作的保证，必须注重以下几个方面。

一是统揽全局重根本。矛盾普遍存在，事物不断变化，要求我们必须时刻关注事物的发展变化，在追踪事物发展的全过程中，用辩证的、联系的观点，厘清前因后果，分出主次轻重。一般来讲，上级部署工作尤其是关系全局的重点工作，都有明确要求。在具体执行中，中层干部必须从自身的实际出发，站在全局的角度，准确地把握每项工作的主要矛盾和矛盾的主要方面，盯着问题做工作，抓住薄弱下功夫，找出解决矛盾和问题的基本前提和条件。

二是突出中心抓重点。中层干部负责一个部门的工作，需要做的工作很多，不可能事事重要、样样关键、面面俱到，工作没有重点就没有突破。中层干部要根据本部门目标，把工作重点与实际情况结合起来，抓重点环节，整体推进部门各项工作。

三是善于创新求特色。想不想创新，敢不敢创新，能不能创新，是衡量中层干部水平和能力的重要标志。用新脑筋来对待新事物的目的，是要用新办法解决新问题。要树立强烈的创新意识，不唯书，不唯上，只唯实；要认真分析本部门的资源，将这些资源科学整合，创造新的配置模式，并通过发挥优势、创造优势来创造出有特色的工作方法，走出有特色的工作路子，干出有特色的工作业绩。

（三）对自身的长处和弱点有清晰的认识

中层干部要正确、全面地认识自己的长处和弱点，用全面的、发展的眼光看待自己。每个人的外在形象和内在素质都有自己的优势，又有自己的不足；每个人都有自己的缺点，但同时也有自己的闪光点。能看到自己的优点、长处，你将会充满信心，迎接生活的挑战；但如果看不到自己的不足，用自己的长处比别人的短处，就会沾沾自喜、骄傲自大，停步不前甚至倒退。

事物总是发展变化的，没有一成不变的事物。每个人也都是在不断发展变化的，优点和缺点也不是一成不变的。及时发现自己的新的优点和新的缺点，通过努力，争取变缺点为优点，不断改正缺点，完善自己。

（四）寻求来自各方面的反馈，并根据反馈调整自己的行为

每个人都存在认知盲区，永远都有自身看不到，但可以借助其他人、物来观察的部分。向外界寻求帮助，通过与外界互动获得反馈，从而加深对自己的了解，是中层干部应有的认识。

寻求反馈可以选择相对适合的方式来收集，比如邮件、短信或微信等。在发起活动和收集反馈时，最好确保反馈样本有一定的数量，以保证结果的有效性；反馈样本最好来自不同的圈子，比如同事、朋友、家人等。在得到反馈后，需要总结分析，有哪些反馈是自己之前就意识到的，哪些反馈是自己之前没有意识到的。之前意识到的那部分可以按预设办法处理，没有意识到（但却被他人多次提到）的部分，就是自己的盲区，需要在今后给予更多关注和探索，不断调整自己的行为。

**（五）敢于打破惯性思维，鼓励他人尝试新技术、新方法、并允许失败**

惯性思维是由先前的活动造成的一种对活动的特殊的心理准备状态，或活动的倾向性。在环境不变的条件下，惯性思维使人能够应用已掌握的方法迅速解决问题。而在情境发生变化时，它则会妨碍人们采用新的方法。消极的惯性思维是束缚创造性思维的枷锁。

1. 打破惯性思维、在管理工作中创新，要讲究适当的方法，不能盲目创新，否则会适得其反。要理性地选择适合的创新模式，不断改进创新工作的方式方法，注重实际效果，不能仅仅为了创新而创新。

2. 管理创新要重视提高工作效率在创新过程中的作用。效率是创新的前提和基础，提高工作效率的前提是要让工作更加条理化、程序化、组织化和简单化。按照这"四化"尽量提高工作效率，就能为创新工作奠定坚实基础。

3. 要善于激励他人创新。创新的过程是一个反复实践、不断思索的过程，一项工作，经过反复实践，在实践中摸索，在实践中观察，在实践中找技巧和窍门，通过大脑思考，再动手实践，才能创造出比最初更优化、效率更高的新点子、新方法。因此，要有包容之心，允许创新失败。要注意创新是一个深入分析、不断总结的过程，对于一件事情，在完成之后，无论成功与否，均应进行分析总结。分析，是把事物分开来、分成类、排成队，分别研究事物的发展规律；总结，是在综合、分析的基础上，归纳概括事物的特点，加以提炼，找出事物的发展规律，使创新成为可能。

**三、提高学习创新能力的策略**

**（一）涉猎大量的哲学、史学、文学等方面的书籍，为自己在认知、明志、写作等方面能力的提高打下基础**

学习哲学、政治经济学使人能够站在高处看问题，用战略眼光观察问题、分析问题，提高个人解决问题、驾驭态势的能力。读史明志，以史为鉴，通过大量解读历史，可从历史人物与历史事件中总结经验教训，取其精华，去其糟粕，少走弯路。除系统阅读相关书籍外，还要关心时政，通过经常倾听新闻，阅读报纸，培养自己了解社会、观察社会的能力，避免走了错路。只有不断提高、不断探究适应时代发展的科学理论，善于运用马克思主义的立场、观点、方法去全面分析问题和解决问题，才能站在较高的层次上不断加深对党的执政规律、社会主义建设规律和人类社会发展规律的科学认识。

**（二）广学博才，不断提高个人的综合能力**

一个人的能力水平如何，来源于所掌握知识的多寡。培根说："阅读使人充实，会谈使人敏捷，写作与笔记使人精确。史鉴使人明智，诗歌使人巧慧，数学使人精细，博物使人深沉，论理之学使人庄重，逻辑与修辞使人善辩。"只有博览群书，博采众长，才能不断增加知识，拓宽自己的视野。

**（三）善于思考，大胆质疑**

人在学习知识的同时，还要善于思考。爱因斯坦成为科学家的秘诀就在于思考，再思考。这就是要不断地温习功课，只有"勤写、勤问、勤思"，才能领悟书中的精髓和真谛。通过自己的认真思考，并加以分析，就会使其所学知识得到升华。一个人勤学好问、大胆质疑才能有所成就，遇到事情多问几个为什么，要学会刨根问底，寻求事物的根源，还要大胆质疑，有怀疑的精神，多观察，多思考，才会让自己变得更聪明智慧。

遇到问题多听听大家的意见，集思广益，多向有经验的人学习，但不迷信，不盲目崇拜，有自己的主见，靠自己的思考分析哪种方法最适合，遇到动手操作的事情时，一定要动手实践，在实践中找到最好的方法，提高创新能力，做任何事情还必须一丝不苟，有严谨的工作作风，对自己要求严格才能做什么事情更为出色。

### （四）培养创新意识和创新思维

1. 培养创新意识。

创新意识是指人们根据社会和个体生活发展的需要，引发创造前所未有的事物或观念的动机，并在创造活动中表现出的意向、愿望和设想。它是人类意识活动中的一种积极的、富有成果性的表现形式，是人们进行创造活动的出发点和内在动力，是创造性思维和创造力的前提。

创新意识有以下特征：一是新颖性。创新意识或是为了满足新的社会需求，或是用新的方式更好地满足原来的社会需求，创新意识是求新意识。二是社会历史性。创新意识是以提高物质生活和精神生活水平为出发点的，而这种提高很大程度上受具体的社会历史条件制约，创新意识必须考虑社会效果。三是个体差异性。人们的创新意识和他们的社会地位、文化素质、兴趣爱好、情感志趣等相对应，这些因素对创新起重要推进作用。每个人的创新意识既有社会背景的缘由，又有文化素养和志趣的动机。

创新意识包括创造动机、创造兴趣、创造情感和创造意志。创造动机是创造活动的动力因素，它能推动和激励人们发动和维持创造性活动；创造兴趣能促进创造活动的成功，是促使人们积极探求新奇事物的一种心理倾向；创造情感是引起、推进乃至完成创造的心理因素，只有具备正确的创造情感，才能使创造成功；创造意志是在创造过程中克服困难、冲破阻碍的心理因素，具有目的性、顽强性和自制性。创新意识与创造性思维不同，创新意识是引起创造性思维的前提和条件，创造性思维是创新意识的必然结果，两者之间具有密不可分的联系。

创新意识有如下作用。

第一，创新意识是决定一个国家、民族创新能力最直接的精神力量。创新能力实际上就是国家、民族发展能力的代名词，是一个国家和民族解决自身生存、发展问题的能力最客观和最重要的标志。

第二，创新意识促成社会多种因素的变化，推动社会的全面进步。创新意识来源于社会生产方式，它的形成和发展必然进一步推动社会生产方式的进步，从而带动经济的飞速发展，促进上层建筑的进步。创新意识进一步推动人们的思想解放，有利于人们形成开拓意识、领先意识等先进观念；创新意识会促进社会政治向更加民主、宽容的方向发展，这是创新发展需要的基本社会条件。这些条件反过来又促进创新意识的扩展，更有利于创新活动的进行。

第三，创新意识能促成人才素质结构的变化，提升人的本质力量。创新实质上确定了一种新的人才标准，它代表着人才素质变化的性质和方向，它输出一种重要的信息：社会需要充满生机和活力的人、有开拓精神的人、有新思想道德素质和现代科学文化素质的人。它客观上引导人们朝这个目标提高自己的素质，使人们的本质力量在更高的层次上得以实现。它激发人们的主体性、能动性、创造性的进一步发挥，从而使人们自身的内涵获得极大丰富和扩展。

2. 培养创新思维。

创新思维是推动创新的先导，培养创新思维是提高创新能力的重要途径。创新思维要求善于对问题进行多方位、多角度、多手段的探讨，进行比较分析，从中寻找解决问题的最佳方案。在实际工作中要一切从实际出发，自觉地把思想认识从那些不合时宜的观念、做法和体制中解放出来，跳出传统思维。培养创新思维有五种方法。

一是用"求异"的思维去看待和思考事物。在学习、工作和生活中，多去有意识地关注客观事物的不同性与特殊性。不拘泥于常规，不轻信权威，以怀疑和批判的态度对待一切事物和现象。

二是有意识地从常规思维的反方向去思考问题。如果把传统观念、常规经验、权威言论当作金科玉律，常常会阻碍我们创新思维活动的展开。因此，面对新的问题或长期解决不了的问题，不要习惯于沿着前辈或自己长久形成的、固有的思路去思考问题，而应从相反的方向寻求解决问题的办法。

三是用发散性的思维看待和分析问题。发散性思维是创新思维的核心，其过程是从某一点出发，任意发散，既无一定方向，也无一定范围。发散性思维能够产生众多的可供选择的方案、办法及建议，能提出一些独出心裁、出乎意料的见解，使一些似乎无法解决的问题迎刃而解。

四是主动地、有效地运用联想。联想是在创新思考时经常使用的方法，比较容易见到成效。常说的"由此及彼、举一反三、触类旁通"就是联想中的"经验联想"。任何事物之间都存在着一定的联系，这是人们能够采用联想的客观基础，因此联想的最主要方法是积极寻找事物之间的联系，主动、积极、有意识地去思考它们之间的联系。

五是学会整合。很多人擅长"就事论事"，或者说看到什么就是什么，思维往往会被局限在某个片区内。整合就是把对事物各个侧面、部分和属性的认识统一为一个整体，从而把握事物的本质和规律的一种思维方法。当然，整合不是把事物各个部分、侧面和属性的认识，随意地、主观地拼凑在一起，也不是机械地相加，而是按它们内在的、必然的、本质的联系，把整个事物在思维中再现出来。

## 学习创新能力自测题

1. 请给出一个你最近从别人的错误中有所收获的例子。
2. 你认为你最需要在专业方面发展哪一项技能？
3. 请讲讲你从某个项目或任务中学到了什么。

4. 为了提升工作效率,近来你都做了些什么?

5. 讲一个这样的经历:发生一件对你来说很糟糕的事情,但后来证明,你从这个糟糕的事件中学到了很多。

6. 过去 12 个月里,你投入多少钱和时间用于自我发展?为什么要这样做?

7. 你是怎样有意识地提高自己的工作技能、知识和能力的?你用什么办法来达到这一目的?

8. 什么时候或什么环境导致你决定学习一些全新的东西?

9. 你用什么方法告诉你的(目前的)上级,你想接受更多发展机会(或挑战)?

10. 你认为自己所在专业(或业务领域)未来十年面临的最主要的问题是什么?你准备怎样应对未来的变化?

11. 过去三年里,你为自我发展订立了什么样的目标?为什么要订立这样的目标?

12. 你近来接受的哪些教育经历有助于你做好目前的工作?

13. 在保留以下主体功能不变的情况下,加上其他附加物,以改善或扩大其功能,把结果填入表 8-1 内。

表 8-1 知识扩展

| 主体 | 附加物 | 改进后的名称 |
| --- | --- | --- |
| 示例:手表 | 日历 | 带日历的手表 |
| 铅笔 | | |
| 电脑椅 | | |
| 黑板 | | |
| 笔筒 | | |
| 翻页笔 | | |
| 手机套 | | |

14. 我们经常可以在城市中看到禁止标志，如禁止大卡车通行、禁止吸烟的标志，请你用黑白图案设计以下禁止要求（应当简单易懂，不得有文字出现）。

A. 学校超市不得卖酒

B. 校园内不得遛狗

C. 禁止喧哗

D. 禁止在双杠上晾衣服

E. 学生宿舍禁止使用电炉

15. 请回答下面 20 个问题，符合的在括号里打上"√"，不符合的则打"×"。

（1）听别人说话时，你总能专心倾听。  （  ）

（2）完成了上级布置的某项工作，你总有一种兴奋感。（  ）

（3）你观察事物向来很精细。  （  ）

（4）你在说话以及写文章时经常采用类比的方法。（  ）

（5）你总能全神贯注地读书、书写或者绘画。（  ）

（6）你从来不迷信权威。  （  ）

（7）你对事物的各种原因喜欢寻根问底。（  ）

（8）你平时喜欢学习或琢磨问题。  （  ）

（9）你经常思考事物的新答案和新结果。（  ）

（10）你能够经常从别人的谈话中发现问题。（  ）

（11）你从事带有创造性的工作时，经常忘记时间的推移。（  ）

（12）你能够主动发现问题，以及和问题有关的各种联系。（  ）

（13）你总是对周围的事物保持好奇心。（  ）

（14）你经常能够预测事情的结果，并正确地验证这一结果。

（  ）

（15）你总是有些新设想在脑子里涌现。（  ）

（16）你有很敏感的观察力和提出问题的能力。（  ）

（17）你遇到困难和挫折时，从不气馁。（  ）

（18）你在工作上遇到困难时，常能采用自己独特的方法去解决。

（　　）

（19）你在问题解决过程中有新发现时，总会感到十分兴奋。

（　　）

（20）你遇到问题，能从多方面多途径探索解决它的可能性。

（　　）

**评价**：如果 20 道题答案都是打"√"的，则证明你创造力很强；如果有 14～19 道题答案是打"√"的，则证明你创造力良好；如果有 10～13 道题答案是打"√"的，则证明你创造力一般；如果低于 10 道题的答案是打"√"的，则证明你创造力较差。

# 附 录

## 附录一 职业院校中层管理岗位能力标准

| 能力模块 | 能力内涵 | 能力标准 | | | | |
|---|---|---|---|---|---|---|
| 1. 育人能力 | 善于把握学生/用人方的需求，有效地与学生/用人方沟通，愿意为学生/用人方提供高质量的课程与服务，致力于维护和提升学生/用人方的满意度 | 1.1 明确育人的使命与责任 | 1.2 能积极主动地了解学生/用人方的期望与要求，善于从学生/用人方的角度分析问题，能预见学生/用人方需求的变化趋势 | 1.3 能以亲切、和蔼的态度对待学生/用人方，非对他们的咨询、疑虑或反对做出及时有效的回复或解答 | 1.4 主动征求学生/用人方的反馈意见，不断改进为学生/用人方服务的方法 | 1.5 保持与学生/用人方的联系并与他们建立良好的关系 |

141

续表

| 能力模块 | 能力内涵 | 能力标准 | | | | |
|---|---|---|---|---|---|---|
| 2. 分析判断能力 | 收集与分析相关信息，提出多个备选行动或措施，并运用知识与经验从中找出符合当前情况的最佳解决方案 | 2.1 系统收集对解决问题最有用的材料和信息 | 2.2 能够全面分析问题的各个方面及其重要细节，善于从不同角度来分析问题 | 2.3 能透过表象理解和判断隐含的事件和信息 | 2.4 在情况不明或信息不全下及时做出有效判断 | 2.5 能充分考虑有利因素、不利因素、时效性及各种资源，对多种解决方案进行比较和评估，选择一个最合适的解决方案 |
| 3. 计划执行能力 | 根据目标与任务要求，制订切实可行的行动计划，有效地协调与运用各种资源，确保计划的顺利执行与目标的实现 | 3.1 善于将宽泛的目标具体化为可用的目标、标准以及行动计划 | 3.2 调动为完成目标所必需的各种资源（包括人员、经费以及设备等） | 3.3 授权给当的人员去完成工作，并在必要时对他们的工作进行协调 | 3.4 监督工作进程并在目标不能完成时做出必要的调整 | 3.5 预估实施过程中的困难，消除各种障碍确保工作目标顺利完成或者使已偏离方向的工作回到正常轨道上 |

续表

| 能力模块 | 能力内涵 | 能力标准 | | | | |
|---|---|---|---|---|---|---|
| 4. 业务能力 | 掌握本岗位工作所需要的知识与技能，并将它运用于工作中 | 4.1 能运用业务知识技能解决本职工作中的常见问题 | 4.2 了解本岗位所涉及的最新知识、前沿动态 | 4.3 熟悉学校相关的业务流程 | 4.4 熟悉与工作相关的重要法律法规及政策 | 4.5 能从业务上给予下属指导和帮助，能向上级领导或其他部门提供专业性意见 |
| 5. 沟通能力 | 采取各种沟通方式，准确而清晰地传递关键信息，并赢得各方的承诺与支持，克服可能的沟通障碍 | 5.1 善于聆听、理解，并在确认他人的意思后再发表意见 | 5.2 高效表达自己的观点，能吸引他人注意，具有说服力 | 5.3 鼓励他人分享观点和想法，尤其是相反意见的公开表达 | 5.4 面对相反意见时能适当变通，或能够运用非正式组织渠道加强有效沟通 | 5.5 说服关键人物，以促成解决方案的达成 |
| 6. 合作精神 | 愿意与他人分享知识、信息、资源、责任以及成就，能通过各种方法与别人建立相互信任的合作关系 | 6.1 尊重、理解他人的观点并重视所有合作成员的贡献 | 6.2 关心他人并愿意帮助同事解决问题和困难 | 6.3 主动与他人分享工作进展或成果 | 6.4 以合作态度处理各种人际矛盾，并将整体利益置于个人利益之上 | 6.5 跨越各种组织边界，不断致力于发展和培养重要的工作关系 |

续表

| 能力模块 | 能力内涵 | 能力标准 | | | | |
|---|---|---|---|---|---|---|
| 7. 团队管理能力 | 能根据团队的整体目标，为团队成员制订职责和目标，在工作中对他们进行辅导和激励，不断提高团队凝聚力与战斗力 | 7.1 明确本部门或团队的整体目标和使命，并明确各成员的职责 | 7.2 了解团队成员的能力特点和个人特点，正确评价成员的长处和有待改进之处 | 7.3 提供具有挑战性的任务，帮助下属制订能力发展计划并提供必要指导 | 7.4 激发他人的工作热情，及时适当地给予鼓励和奖励 | 7.5 创造良好的团队工作氛围使每个人都能将自己的能力发挥到最大限度 |
| 8. 学习创新能力 | 积极寻求和把握学习与提高自身能力的机会，并将所学知识与技能运用于工作实践中 | 8.1 迅速掌握最新的思想、观点、方法与技术，并应用于工作中 | 8.2 善于总结经验教训，持续不断地改进工作方法和流程 | 8.3 对自身的长处和弱点有清晰的认识 | 8.4 寻求来自各方面的反馈，并根据反馈调整自己的行为 | 8.5 敢于打破惯性思维，鼓励他人尝试新技术、新方法，并允许失败 |

## 附录二  职业院校中层干部管理能力竞赛题

### 一、选择题

1. 习近平总书记关于教师育人使命的论述是（　　）。
   A. 立德树人
   B. 为党育人、为国育才
   C. 培养德智体美劳全面发展的社会主义建设者和接班人
   D. "三全"育人

2. 学校与某个企业签订《教师到企业调研协议》，这种协议的作用是（　　）。
   A. 学生不用担心学习成绩可以直接上岗
   B. 了解企业需求，有针对性地培养人才
   C. 拍摄企业图片，丰富教学资源
   D. 允许学校教师观摩生产流程

3. 因宿舍设施维修不及时学生满脸怨气地到服务中心投诉，以下做法正确的是（　　）。
   A. 请学生先看报修流程，再按照流程办理
   B. 告知学生受理投诉的工作人员不在，请他另寻时间再来
   C. 答复学生已经报修，其他情况不知
   D. 亲切接待，安抚学生情绪，查询报修记录，答复学生维修进展情况

4. 教研室经讨论决定增设更多的专业课程，在形成新的专业课程方案前，你会（　　）。
   A. 召开专业教师论证会　　　　B. 征求分管教学的校领导意见
   C. 征求课程专家意见　　　　　D. 征求学生意见

5. 关于如何与学生建立良好的关系，请从下列选项中选择最佳的

一项（　　）。

　　A. 与学生玩在一起　　　　B. 给学生充分的自由

　　C. 赢得学生信任　　　　　D. 经常向家长汇报学生情况

6. 有效收集信息解决问题的第一步是（　　）。

　　A. 确定关键词　　　　　　B. 正确分析问题

　　C. 确定搜索渠道　　　　　D. 鉴别筛选搜索到的信息

7. 如何做到全面分析问题？（　　）

　　A. 当前与长远、个人与大局、正面与反面、内因与外因相结合

　　B. 注重大局分析

　　C. 注重长远分析

　　D. 注重客观分析

8. 在部门绩效工作考核时，部门的考核成绩排名不理想，作为该部门负责人，你认为影响成绩的主要因素是（　　）。

　　A. 考核标准对本部门不利

　　B. 部门工作目标达成度不理想，业绩平平，表现不突出

　　C. 其他部门对本部门工作不了解

　　D. 领导对本部门有偏见

9. 中层管理干部要在情况不明或信息不全下及时做出有效判断，正确的做法是（　　）。

　　A. 依靠经验做出判断

　　B. 按照相关流程做出判断

　　C. 请示上级领导后判断

　　D. 快速找出关键、准确信息进行判断

10. 解决问题有多种方案时，以下做法最为合适的是（　　）。

　　A. 选择自己提出的方案　　B. 选择有领导意见的方案

　　C. 选择最优的方案　　　　D. 选择最快解决问题的方案

11. 战略规定了发展方向、目标和基本措施。为使其得以顺利执行，必须开展（　　），以明确每一阶段的任务顺利完成。

A. 编制具体的行动计划 B. 进行方案分解

C. 进行结构调整 D. 进行目标分解

12. 系部拟申报一项教学成果，最需调动的关键性资源是（　　）。

A. 专业及项目建设基础 B. 组建项目成果团队

C. 充分的成果实践和成效推广 D. 必要的经费支持

13. 授权是通过他人来达成工作目标。以下做法不属于授权范畴的是（　　）。

A. 安排具体工作的权力分解到下级

B. 对工作出现的问题，下级员工不必请示，有权自己做出决定

C. 汇总下级员工工作信息

D. 准备所有的工作，安排每位员工的工作

14. 影响工作进程监督效果的常见原因是（　　）。

A. 制订简洁易执行的监督流程 B. 紧盯重大问题

C. 使用复杂的项目管理工具 D. 考核标准模糊

15. 自来水公司通知学校停水一天，为保证师生正常就餐，合理可行的措施是（　　）。

A. 允许学生出校门自行解决

B. 允许校外供餐企业送餐入校

C. 安排水车拉水进学校保证食堂正常供餐

D. 通知学生自行点外卖解决用餐

16. 关于学校中层干部的业务知识及技能，你认为（　　）。

A. 不重要，解决工作问题还是靠人缘好

B. 不重要，但了解一些有好处

C. 重要，中层干部的本职工作有专门知识与技能

D. 重要，解决工作问题只能靠业务知识及技能

17. 周主任是一个老中层干部了，但他一直积极参加市里和学校组织的各种教研及培训活动，学习新知识、新方法，不断更新知识结构。这表明周主任具有（　　）。

A. 尊重学生的理念　　　　　B. 终身学习的意识
C. 教学管理的能力　　　　　D. 课程开发的能力

18. 学校管理中有各种业务流程。你认为中层干部对学校的业务流程（　　）。

A. 不必很熟悉，有下属去具体操作

B. 应该很熟悉

C. 应该熟悉相关业务流程

D. 学校流程很多，不可能都熟悉

19. 国家九部门颁布的《职业教育提质培优行动计划（2020—2023年)》中，关于"落实立德树人根本任务"方面的有（　　）。

A. 推动习近平新时代中国特色社会主义思想进教材进课堂进头脑

B. 强化中职教育的基础性作用

C. 健全服务全民终身学习的职业教育制度

D. 稳步发展高层次职业教育

20. 学校领导向招生部门征询扩大招生规模的对策，以下回答中最具有专业性的一项是（　　）。

A. 简单列举中职招生的种种困难

B. 具体分析扩大招生规模的利弊，提出可行对策

C. 建议领导照搬外校招生方法

D. 要求启动有偿招生

21. 以下不是善于倾听的表现一项为（　　）。

A. 不打断对方　　　　　　　B. 不轻易下判断
C. 不做回应　　　　　　　　D. 用复述表示理解

22. 你的提案在讨论会上受到了大部分人的质疑，你会（　　）。

A. 针锋相对

B. 承认自己的提案中有不妥之处

C. 尽可能和大家取得一致

D. 迅速准确抓住质疑关键点，充分沟通

23. 在部门会议过程中，以下不利于教师充分发表观点和反对意见的一项是（　　）。

　　A. 为了提高议事效率，领导全程控制话语权

　　B. 营造安全的对话环境

　　C. 领导主动思考出现的反对意见的合理性

　　D. 重大决策多次论证

24. 如果你对某一问题的正确看法被上级否定了，下面做法比较适宜的是（　　）。

　　A. 向上司领导反映，争取上级领导的支持

　　B. 召开部门员工会议说明上司的否定

　　C. 寻找机会再向上司陈述自己的看法

　　D. 从此不提这个看法

25. 你所在系部向学校提交了建设新实训室的报告，但几个学校领导意见不统一，迟迟未获批准。以下做法较为适宜的是（　　）。

　　A. 直接追问分管领导

　　B. 再提交一份报告

　　C. 了解原因并说服审批的关键人物

　　D. 了解有哪些不统一的意见并去说服

26. 下发任务时如果下属对工作的安排有不同的意见，你的处理方法是（　　）。

　　A. 强调任务的急迫性，让下属按原来的安排执行

　　B. 接受下属的意见，对原来的安排进行变更

　　C. 让下属发表自己的意见，按原来的安排执行

　　D. 与下属商量工作安排的调整，分析测评不同安排的合理性

27. 在校长质量奖评选时，甲部门申报的材料中，需要乙部门提供相关佐证材料，作为乙部门主管，你的做法是（　　）。

　　A. 认为这些佐证材料应该是甲部门自己留存的，拒绝提供

　　B. 积极主动查找，并及时提供材料

C. 告知佐证材料的线索，让甲部门自行搜寻

D. 推诿至其他部门

28. 小刘经常跟她的部门人员说她做了什么事情以及做这件事的思路和结果，也比较喜欢问身边的同事这段时间在忙什么。她的话强调了（　　）。

A. 部门人员工作目标的导向作用

B. 工作成效（果）对团队成员的激励作用

C. 时间管理工具的重要性

D. 团队合作的重要性

29. 你所在的部门与二级系部共同承接了组织一项大型活动的任务。因时间紧、任务重，如按原任务方案无法按时完成活动的组织准备工作，学校领导对任务的进度多次催促和批评。你作为该行政部门中层领导应首先采取的措施是（　　）。

A. 找对方部门工作不力的证据，告诉学校领导责任主要在对方

B. 直接请示学校领导，让领导来想办法解决眼前困难

C. 与合作方部门及时进行沟通，提出解决方案，共同请示领导修改方案

D. 本部门自行修改方案解决问题

30. 以下行为有利于培养和发展工作关系的是（　　）。

A. 认为人是不存在个体差异的

B. 认为本部门取得的成绩是自己努力的结果

C. 重视本部门的工作模式与成果的保护，只在评奖评优的关键时刻才分享

D. 经常与各部门沟通，配合别的部门完成各种岗位职责不能确定的临时性工作

31. 中层干部和团队成员明确职责和目标的最佳做法是（　　）。

A. 中层干部组织本部门或团队开展"说职责、说流程"活动

B. 中层干部让本部门成员自己去钉盘查看岗位职责和目标

C. 中层干部在部门内部宣读团队目标和职责

D. 中层干部在部门公告栏张贴团队目标和职责

32. 以下各项中，了解团队成员的能力特长和个人特点最为有效的方法是（    ）。

  A. 直接交流谈话询问特点和特长

  B. 暗中观察了解团队成员各自特点

  C. 通过工作项目去了解成员工作效果和特长

  D. 通过团队其他成员进行侧面了解

33. 作为中层干部，当本部门接受的任务有一定难度时，正确的做法是（    ）。

  A. 因担心承担任务的结果不可控，所以自己承担

  B. 选择自己信得过的下属承担任务，让其对完成结果负全责

  C. 担心下属不能完成任务，要求把任务下达到别的部门

  D. 按职责分工选择下属承担任务，适时检查进度并帮助其解决困难

34. 中层干部激发他人工作热情，正确的做法是（    ）。

  A. 在工作中以物质奖励为主

  B. 经常听取他人意见，并提出建议

  C. 放松管理尺度，讨好下属

  D. 强行命令，规行矩步，强调责任自担

35. 创造良好的团队工作氛围，使每个人都能将自己的能力发挥到最大限度，你认为最有效果的办法是（    ）。

  A. 定期组织团队沟通活动  B. 明确奖惩制度

  C. 对每一项任务都充分授权  D. 关心每位团队成员

36. 某专业在同类、同层次学校中已处于领先水平，作为专业带头人，你认为下列做法最好的是（    ）。

  A. 保持专业标准及人才培养模式不变

  B. 积极向校外推广本校的专业建设经验

C. 直接变更并应用高层次院校的人才培养方案

D. 修订专业评价指标体系，提高人才培养质量评价标准

37. 为了更好地总结和提升工作绩效，应（　　）。

A. 多与同事交流　　　　　　B. 积极参与单位培训

C. 尽忠职守　　　　　　　　D. 定期进行自我检测与评价

38. 张伟担任某部门主管，在学校满意度测评中发现自己的分值较低。如果你是张伟，你会选择（　　）。

A. 向领导投诉，反映评价结果是由自己管理比较严格造成的

B. 向测评组织部门查找测评中得分低的项目

C. 向同事了解测评人给自己的评分

D. 分析测评分值低跟自己性格及工作方式方法的关系

39. 学校准备召开运动会，召开班主任会议讨论选拔运动员，有个班主任对原来的选拔方案提出很多建议，作为系部主任你会选择（　　）。

A. 不理会任何建议，坚持原来的选拔方案，不需要调整

B. 考虑调整，把有价值的建议与原选拔方案结合成为新的选拔方案

C. 接受调整，完全接受该班主任的建议，并要求该班主任负责运动员选拔工作

D. 不予调整，并指出该班主任不能在不恰当的时间提建议

40. 随着时代的变化，学校要求使用"混合式教学"模式授课，某教师认为传统讲授法轻车熟路，没有必要要新花样。作为系部主任，你认为以下处理方式最适宜的是（　　）。

A. 让他保持原来的教学方法就行

B. 告诉他这是学校规定，必须执行

C. 让一位"混合式教学"应用较好的教师与他结对子

D. 强调"混合式教学"模式效果是最好的

### 选择题参考答案

1. B　2. B　3. D　4. D　5. C　6. B　7. A　8. B　9. D　10. C　11. A

12. B  13. D  14. D  15. C  16. C  17. B  18. C  19. A  20. B  21. C
22. D  23. A  24. C  25. C  26. D  27. B  28. B  29. C  30. D  31. A
32. C  33. D  34. B  35. A  36. D  37. D  38. D  39. B  40. C

## 二、模拟情景处置题

1. 小张应聘学校招生就业部门主任，面试时，分管教学的校领导请他谈谈在提升学校人才培养质量方面，招生就业部门可以有哪些作为。你认为应该从哪些方面阐述？

2. 某学校某专业的毕业生出现就业难、企业评价不高、岗位流动性大等问题，作为该专业负责人，你如何根据用人方的需求进行专业改革？

3. 学生小李家住湖南，因退学专程到学校财务室办理退费业务，但错过了学校办理该项业务的时间，财务人员拒绝帮他办理，双方发生争执，作为财务室主任，你该如何处理？

4. 某职业学校合作的多家企业近来频频抱怨，表示该校的学生都有不错的科学文化素养，可在一线工作当中缺乏工作相关的知识技能，学生也有同样的烦恼，自己在学校中学习的内容无法直接应用于工作环境当中，很多东西需要从头学起。针对这一情况，校长找到了负责课程规划的教务部门，要求在学生学习过程中贯彻"为了学生的发展，满足合作方的用人需求"这一育人导向，对学校的课程方向进行调整。如果你是教务部门的负责人，你怎样开展工作？

5. 某校三年级学生在当地某企业进行顶岗实习，由于学生没有很好地做到角色转换，不能严格地遵守企业规章制度，有迟到、上班打瞌睡、不尊重师傅、擅自离岗或无故旷工等不良表现。根据学生的表现，你如何与学生及企业方进行有效沟通？怎样加强实习生的管理与服务，从而提升学生及用人方的满意度，维护良好的用工关系？

6. 学校布置了编制十四五专业发展规划的任务，要求教务处和各系部坚持科学决策、民主决策、依法决策，把顶层设计与集思广益统一起来，描绘"十四五"专业发展美好蓝图。编写组认为，编制规划前应做好信息收集工作，你认为应该怎样进行信息收集？

7. 学生牛某，男，16岁。他上小学时父母离异，跟随父亲生活，后来父亲再婚。牛某小学毕业后父亲将他独自一人送到湖南某武术学校学习，牛某在此期间养成不少的不良习惯，如打架、抽烟成瘾、喝酒、偷拿别人的东西、欺软怕恶、平时自控能力较差、上课睡觉等等。有一天，班主任突然看到他在一张纸上写道："我知道你们都认为我是个扶不起的阿斗，你们都瞧不起我，我也不把你们当朋友了……我想找个没人的森林度过一生……"。年轻的班主任黎老师意识到问题的严重性但又不知道如何解决，找到学工处主任求助。你作为学工处主任，如何帮助黎老师分析牛某的问题？

8. 某学校教师勤奋工作，非常重视个人职称提升，积极参加教育教学课题研究，撰写论文，甚至要求少上课、不做班主任。分管领导却很满意教师做课题、写论文。但人事处主任一统计发现近年来晋升高级职称的教师都跳槽到其他学校了。请你就教师积极做课题、写论文、争职称这一现象进行分析，并向学校提出对策建议。

9. 某天半夜12点，值班中层干部接到学校值班教师电话，告知某宿舍四名学生打群架，有学生受伤，但受伤情况不明，打架原因不明。请问，值班中层干部在事件情况不明的情况下，如何快速、有效地做出判断？

10. 某职业学校今年招生数量创新高，2020年8月新生报到约有3 000人。学工处内，干事们就新生接待工作纷纷提建议、出主意。有人认为应该根据学校新的二级系部管理，将新生接待工作分配到各系部；也有人认为还是统一接待比较合适；有人认为接待地点安排在室内；也有人认为天气热，学校能接待新生的室内场地所配备的空调不足，建议安排在大操场。你是学工处主任，在各种新生接待方案中，你认为应该如何制订一个最适宜的方案？

11. 学校确立创建自治区"五星学校"的目标后，根据星级学校认定办法，对应办学条件、师资队伍、课程与教学、校企合作、学生发展、内部治理等要求，作为中层管理者，你需要制订哪些文件，以保障有效地界定学校所希望达到的、可以评估的目标？

12. 学前教育系党支部需向学校提交一份发挥党员先锋模范作用、确保战胜疫情复学开课的案例。支部从党员带头加班加点工作的角度完成撰写，但学校认为案例在体现党员先进性方面欠完整。如果你是撰写人，应从哪些方面撰写？

13. 教务处4个干事中，小韩计算机数据处理能力特别强；小梁的沟通协调能力很突出；小张能力一般但是做事细心；小朱善于制订更为详细的计划。现在有一项紧急收集数据的任务，需要沟通协调若干部门共同完成，如果你是教务处长，你会如何安排4位干事的工作？为什么？

14. 学校要求机电系组织申报示范性实训基地。机电系黎主任组织相关人员对该申报项目工作进行了分解，并参考以前申报成功实施的相关项目，估算该项目的工作量为7人40天。项目开始后，适逢年终财务结算，上级要求项目申报提前10天并保质保量完成。黎主任采取指定项目组成员加班加点工作、取消每日例会改为每周例会以节省时间、允许需求调研和方案设计部分重叠进行的措施。但最后，该项目一再延期，最终项目申报失败。请简要说明黎主任可以提出哪些措施有效完成项目。

15. 学校决定扩招学生2 000人，教室课桌缺口1 600套，询问多家供应商，回答均为无现货供应。开学在即，你怎么解决课桌椅不足的问题？

16. 在学校的学生档案中，每个学生信息包含100个左右的字段。某天，上级领导到校调研需抽取全校一万多名学生的民族分布情况，且要求5分钟内完成。请运用你的专业知识与技能，简述解决办法或处理方式。

17. 作为部门的负责人，为了部门的发展，在原有的基础上做了一些大胆的尝试与改变，并进行了前期的投入，但是由于所涉项目与最新的理念不是很贴切，最后该项目半途而废。针对这种现象，你应通过哪些渠道开拓自己的工作思路？

18. 某班有名学生多次违纪，老师劝说无效，班主任填写处分审批单并且告知了该同学和班委，此处分转交系部领导审批后该班主任直接留存审批单。该班主任的做法对吗？管理者应该如何熟悉相关的业务流程？

19. 学校新入职教师小李，因刚大学毕业，家庭经济状况一般，在外租房，生活开支等经济压力大，他在平日工作之余，利用晚上、周末时间进行校外有偿补课辅导，帮助学生应对升学考试。此事在校内引起不良影响，作为小李的部门主管，你会怎么处理？

20. 下属小张在上报给市人社局的职业技能补贴材料中有部分资料不全，他多次修改补充都不全。你会怎么指导他修改、完善？

21. 某教师做事比较较真，工作上一有不如意或看不顺眼的地方就喜欢找领导反映。如果你是他的部门领导，你该如何处理？

22. 学校组织"好课堂比赛"，系部经过选拔赛，推选了一名教学经验丰富的教师代表系部参赛，但是这位教师不想参加校级比赛。作为部门领导你如何说服该教师参加此次比赛？

23. 你是系部主任，学校拟调派一名教师到教育局工作，你同意了。该名教师担任班主任并承担几门专业课的教学任务，其离开必将对部门工作造成较大影响，你的部门副手对你同意调派有意见，并向上级领导反映了这个问题，你将如何处理这个问题？

24. 针对实训室使用扫码率低的问题，你提出相应的管理制度，对不按要求扫码的教师进行一定的课时处罚，这遭到系部大部分人的反对。针对反对意见，你应该如何处理？

25. 赵科长管着有近20人的业务部门，工作勤勤恳恳，关照每一位同事。最近，赵科长提出了提升本部门管理效率的工作方案，会上，同事们没有反对。但他发现这个方案无法推进，总有一些同事有各种各样的意见或理由不完成该方案规定的任务。赵科长感觉到，有些同事不是领导却充当"意见领袖"，阻碍工作方案的推进。你作为赵科长，如何解决这一问题？请你从说服关键人物入手，提出对策建议，以促成工作方案的达成。

26. 系（部）要组织技能比赛，参赛选手的指导教师只能报一个，但比赛培训需要一个教师团队的努力和奉献。请问该如何解决指导教师名额归属问题？

27. 本部门接到一项时间紧、要求高的任务。主任将任务具体分配到各岗位干事，规定了职责与完成时限。时间过半时，某位干事提出配套资源不足，难以完成。如果你是主任，该怎么处理？

28. 领导派你到外地培训学习1个月。这个培训班邀请职业教育领域内专家、学者和职业院校优秀校长等，对职业教育新政策及改革发展中的实际问题进行详细解析和分享优秀实践案例，与你所在部门业务有关的内容是"职教政策学习""三教改革""1+X证书制度""课程思政"等。培训回来后你会怎么做？

29. 纳入重点建设项目则意味着自己所在的部门、团队能够获得更多的资源配置、施展空间与成长机会，因此各部门都积极申报争取重点建设项目。某项目（或专业）工作基础、工作业绩都不如你所在的部门，而且该项目负责人的工作能力也不如你的能力强，但他却获得了学校的推荐。为此你的下属也有多有抱怨，你该怎么做？

30. 校长要代表学校参加某专业所在教育集团组织的大型国际化会议并在会上进行主题发言，同时会议要求参会学校提供一块介绍学校的展板。校办公室收到函件后将公文直接流转到系部。

问题1：该项目工作涉及几个组织？

问题2：你作为系部领导，应如何开展工作？

31. 每年年初时，学校各部门需要制订年度计划，确立新一年的工作目标，你会怎么做？

32. 您作为负责人需要对一名美术设计专业的新教师的转正和一名实习生的实习进行评价，你会怎么做？

33. 某专业多年来在全国技能大赛中没有取得理想的成绩。学校领导要求该专业能有所突破。作为中层干部，你如何帮助该专业教师提升指导国赛的能力？

34. 本部门全体成员加班加点完成了某项应急工作，但没得到肯定及赞赏，下属普遍出现低迷情绪。作为主管，你打算怎么做？

35. 班主任团队老中青各层次有不同发展需求，有些教师是为评职称的刚性要求而担任班主任的，年轻班主任希望有人手把手带教，侧重于班级管理方法；中年班主任忙于家庭与学校的各种琐事，希望班主任工作尽可能简单；老年班主任希望按部就班，减少创新。因为需求不一导致在团队建设中各执已见，抱怨较多。作为团队管理者，你如何改善团队的工作氛围，使每个人都能将自己的能力发挥到最大限度？

36. 学校根据当地产业规划欲开设一个全新的专业，教师因新专业设置会改变资源配置，使原有专业教学资源减少，故都不太支持新专业建设，使该项工作无法顺利、快速地推进。经学校研究决定将你任命为该专项工作负责人，你准备如何开展工作？

37. 青年教师小董，从事某一岗位工作多年，工作职责、流程、方法都非常熟悉，每年做的总结都是"流水账"式的罗列几项职责范围内的工作，他自己也觉得工作没意思。你作为小董的领导，如何帮助他克服职业倦怠？

38. 你负责主持的某个项目在运行过程中遭遇了很大困难，你费尽周折才使项目完成，最终获得了上级3万元绩效奖励。下列三个绩效分配方案，你会选择哪一个，为什么？

方案A：不分配，因为如果没有自己的努力，这项工作根本无法完成。

方案B：不公开分配额度，所有团队成员（包括自己在内）全部平均分配。

方案C：不公开分配额度，分数档将奖金分配给团队所有成员（包括自己在内）。

39. 公共基础部连续几年都组织文字编辑技能竞赛，但领导并不积极支持，认为这项竞赛的价值不高。某领导到学生实习单位检查工作，听到某企业人员反映学生文字输入速度慢、质量差,该领导回到学校后在全校职工大会上,对此事提出了批评,特别提到"计算机应用基础课程"教学质量差的问题。为此,计算机应用基础教研室的教师纷纷向系部主任诉说委屈,有几位教师还当众哭了。你作为系部主任应该怎么办?

40. 某专业带头人按照学校的要求认真开展专业和课程诊改工作,但是教师们对这项新任务认知不足,认为工作量巨大且意义不大,在期末满意度测评中对这位专业带头人给予差评。作为系部主管,你打算怎么做?

### 模拟情景处置题参考答题

1. 答题要点如下:

①描述本部门核心业务,这些业务与人才培养质量方面的联系。

②从管理、服务、协作等方面阐述本部门在提升人才培养质量上的作为。

③举例说明。

2. 答题要点如下:

①深入企业调查,了解职业岗位需求。

②进行就业市场分析。

③调整(修订)人才培养方案。

④提高专业教学质量。

⑤跟踪学生就业情况,与企业保持紧密联系。

3. 答题要点如下:

①安抚学生的情绪。

②向学生解释业务流程及规定。

③与学生商量解决问题的方法,寻找双方认同的解决方案。

4. 答题要点如下:

①与用人方建立良好高效沟通,主动征求他们的意见建议。

②在课程方案确认之后,在实施过程中不断听取用人方和学生的意

见，不断改进提高服务满意度。

5. 答题要点如下：

①积极联系企业，了解学生实习情况。

②主动走访企业，聆听学生实习心得，注重人文关怀。

③加强学生职业规划能力，对学生进行感恩教育。

④积极配合，做好学校与企业双重管理和服务学生的工作。

⑤加强合作，维护和谐的用工关系。

6. 答题要点如下：

①编制规划前可收集规划编写形式、编写内容、编写组织及流程等方面信息。

②先收集形式方面的信息，如写作格式、写法、例文等等，对规划有一个较清晰的认识。

③收集制订规划做法及流程等信息，明确规划内容应该如何组织。

④根据规划内容，分块收集规划基础、相关政策、背景形势等信息，明确规划制订的基础及面临的机遇，面对的挑战。

7. 答题要点如下：

从主观方面和客观方面、内因和外因方面分析牛某出现的问题，并提出对策。

①家庭因素。

②学校因素。

③社会因素。

④自身主观原因。

以上几方面因素掺杂在一起影响着该生的成长。碰到这样的学生该怎么办？一是班主任要将"做人"的思想渗透到教学之中。遇到这些学生，教师要善于因势利导，借助对学科知识的传授，对学生所面临的压力、所遇到的困难进行疏导，健全学生人格。二是教师要放下架子，给他安全感，走进他的心灵。三是个别问题个别解决，一把钥匙开一把锁。教师一旦发现个别学生存在心理问题，应及时疏导、教育，将其控制、解决在萌芽状态。

8. 答题要点如下：

①分析教师积极做课题、写论文、争职称的动因。

②分析近年来晋升高级职称的教师跳槽的原因。

③分析学校的教师管理政策。

④理据充分地提出教师积极做课题、写论文、争职称隐含的信息。

⑤提出针对性对策建议。

9. 答题要点如下：

①立刻启动学校学生事故应急预案。

②现场处置并了解相关信息，做出初步判断并上报相关领导。

③按照学校处理事故应急预案流程逐项进行。

10. 答题要点如下：

①考虑方案的最优性，即在已有方案中，在现实可行的条件下，它是最佳的。

②为了保证所选择方案的正确与合理，需要对所拟定的方案进行客观、科学地评估；要认真对待评估意见；要有明确的选择标准；要走民主决策之路。

11. 答题要点如下：

①目标量化。通过目标导向，制订可实施、可操作、可量化目标的过程，是目标实现的最终落脚点。

②目标可以量化为由学校发展、教书育人等各项分目标组成的目标体系。

12. 答题要点如下：

学校共产党员发挥先锋模范作用，具体落实在"三全"育人上，应将党建工作与教学改革、专业建设、师资培养、课题科研、学生实践活动等育人资源融合升华，形成典型先进事例。

13. 答题要点如下：

小朱负责制定数据收集的任务清单；小韩负责信息表格的设计；小

梁负责向各部门分配任务及督办；小张负责核对数据的真实性。

14. 答题要点如下：

①使用 WBS 对项目进行结构化细分，按新时限再做方案设计。

②请求学校增派经验丰富的项目申报人员。

③坚持每日例会，确保沟通顺畅和质量管控。

④需求调研方案和设计方案应分步进行，避免重叠。

⑤投入更多的资源以加速工作进程。

⑥提高绩效预期，调动项目团队成员的积极性。

15. 答题要点如下：

①报告学校并提出向教育局申请紧急调拨的建议。

②向学校申请采购，采取网上查询供应商等渠道购置。

③在全校范围对损坏弃用的课桌椅统一回收并作修缮。

④设立走班制教学，灵活配置课桌椅等资源。

16. 答题要点如下：

使用 EXCEL 打开学生档案信息，插入数据透视表，按民族统计学生人数；也可使用数据透视图或切片管理器，更直观清晰地展示民族分布情况。以上方法均可在 1 分钟内解决上述问题。

17. 答题要点：

①了解和熟悉掌握本岗位专业理论知识和业务知识。

②主动了解本岗位所涉及的最新知识、前沿动态。

18. 答题要点如下：

该班主任做法不对，系部审批后要交到学生工作处审批且盖章，然后领取回执单，这样才算完成处分流程。

管理者要熟悉相关的流程应该做到以下几点。

①重视流程。

②与负责各个流程的人交流。

③要有团队合作精神。

④学习相关办公软件，熟悉相关业务的网上平台程序。

19. 答题要点如下：
①根据相关的法规制止小李有偿补课行为。
②约谈小李。
③根据情节按程序处理。

20. 答题要点如下：
让小张把遇到的困难列出来并一起分析。如果是因为不熟悉政策文件造成漏、错，建议他再次了解文件后完善资料。在补充资料的过程中，有问题立刻提出并记录，及时整改。

21. 答题要点如下：
①认真倾听该教师说话，表现对他的尊重。
②在倾听过程中，找出他反映问题的核心部分。
③就该教师反映的核心问题做出解答，并耐心地回答他提出的问题。

22. 答题要点如下：
①了解该教师不想参加比赛的原因，并针对原因进行分析。
②在客观条件允许下，帮助该教师分析优势，提高参赛信心。
③本部门给予该教师参赛指导和帮助。

23. 答题要点如下：
①正确对待副手有意见这件事情，把他有意见并向上级领导反映当作一件非常正常的事件看待。不要激化矛盾，不要对副手有其他的想法和看法。
②主动找副手沟通思想，征求副手的意见。如果副手有误解，那么消除误解；如果副手所反映的意见属于自己存在的问题，那么主动向副手做自我批评，并且当即制订改正缺点或不足的措施。总之，态度要诚恳、虚心，要达到在新的基础上的团结。
③问题解决后，建议由副手再向上级领导汇报解决矛盾的情况；或者在征得副手同意后，由自己向上级领导汇报解决矛盾的情况，并且坚持实事求是的原则。

24. 答题要点如下：

延迟做决定，开展针对性调研，在取得共识的基础上对决定做出调整。

25. 答题要点如下：

找到影响问题解决的关键性人物，了解情况，了解其阻碍解决问题的动因，找到打开沟通的渠道，有针对性地开展说服工作。

26. 答题要点如下：

①与教师团队成员分别谈心，了解他们各自的需求和心理意向。

②组织团队成员交流，提出选择指导教师的主要思路和参考办法。

③提出1~2个方案让大家讨论，达成共识。

④鼓励教师团队做好梯队建设工作。

⑤获奖时奖励整个团队，而不是奖励指导教师。

27. 答题要点如下：

①请该干事说说具体是什么资源不足，了解资源不足的原因。

②给该干事提出解决资源不足的线索和办法。

③强调任务完成的时限，要求干事按期完成。

28. 答题要点如下：

①向本部门的同事汇报学习情况，重点是自己的学习心得。

②选择合适的案例，大家一起讨论，分析总结可借鉴的经验。

29. 答题要点如下：

①对不同项目进行SWOT分析。

②重点关注不同项目的发展潜力、发展前景等方面的差异性及其与学校发展目标规划的相关性。

③在已经获得推荐的项目中寻找本部门可以支持的领域与工作任务。

④做好本部门人员的思想工作，一如既往地履行工作职责。

⑤加强沟通，配合获得立项的部门和团队做好项目工作。

30. 答题要点如下：

问题1：涉及5个组织，分别是学校、系部、校办公室、宣传策划处、会议组委会。

问题2：

①先与会议组委会联系，明确工作的具体要求。

②根据工作要求拟定好工作思路与方案，与校长及校办公室、宣传策划处等部门沟通，协商校长发言的关键要点及拟宣传展示的亮点内容。

③在本部门进行分工，起草校长发言稿及收集相关素材，形成发言稿及展板草案。

④向校长、校办公室及宣传策划处征求修改意见。

⑤组织参会人员、材料，安排相关行程。

31. 答题要点如下：

①组织本部门或团队分析学校发展规划。

②总结本部门年度工作业绩与学校规划目标的关系和差距。

③讨论本年度的目标任务，形成本年度任务链、标准链。

④对本年度任务进行分工，确定具体任务的负责人。

32. 答题要点如下：

①评价应包含优点和不足两个方面。

②评价的重点放在教师与实习生工作胜任力方面。

③以表扬和鼓励为原则，对非原则性的错误予以适度的包容。

④注意表述的用词、语气，强化双向沟通。

33. 答题要点如下：

①指导该专业教师认真研读比赛文件，了解比赛方向。

②研究历年比赛作品，了解比赛评分点和要求。

③加大比赛所需的各种物质支持和人力支持力度。

④指导该专业教师合理运用专家资源。

34. 答题要点如下：

①对参与本次应急工作的下属表示感谢，为他们积极应对本次任务

进行充分肯定。

②及时开解下属情绪，鼓励下属不要灰心，将下属工作热情调动起来。

③在向上级汇报工作时对下属进行表扬与赞赏。

④总结本次应急工作经验，积极调整应对方案，确保在下次应对类似任务时，可以做得更好。

35. 答题要点如下：

①与团队成员沟通，了解团队成员各自的需求与工作困难。

②合理分工，创新性、挑战性任务多下达给年轻教师，相对稳定的常规工作多由老年班主任承担。

③建立团队内部的评价机制，推动班主任工作"比学赶超"良性氛围的形成，保障工作绩效好的教师能优先晋升。

36. 答题要点如下：

①加强自主性学习，了解新专业设置的背景和意义。

②组织专项工作团队，有组织地开展学习研讨，分析专业结构调整的必要性与可行性，以及可能存在的潜在风险，形成具体的工作方案与经费预算。

③优化激励机制，提升对创新性工作绩效的激励。

④加强核心指标的检测与诊断，及时进行改进。

37. 答题要点如下：

①提出各项工作对标、对表进行诊改的要求，指导小董用诊改报告的形式做年度总结。

②在质量与速度方面对小董职责范围内的工作提出要求。

③适当分派临时性的新任务给小董。

④在本部门实施有限度的岗位轮换。

38. 答题要点如下：

①确定作为负责人在项目中所发挥的重要作用。

②正确看待个人业绩与团队业绩的关系。

③认识团队不同角色的在团队中的作用以及角色缺失的风险。

39. 答题要点如下：

①安抚好计算机应用基础教研室的教师。

②与领导沟通，陈述系部、教研室组织技能竞赛的初衷和实际情况，了解实习企业反馈信息的具体内容以及反映的范围。

③组织本系部教师进行研讨，商量如何改进教学质量，修订技能竞赛内容、标准问题。

40. 答题要点如下：

①找专业带头人谈话，了解工作开展情况。

②找教师们座谈，了解他们心中的专业带头人工作作风。

③启发性点拨，协助专业带头人优化工作流程。